JN409943

노자의 벌레

오남구(吳南球)

- 1946년 전라북도 부안군 출생. 본명 吳鎭賢. 1973년 『詩文學』에 「울안에서」외 2편이 추천, 1975년 4월 「입술 푸른 뻐꾸기」 「푸른 밀밭」 「미로」가 추천 완료되어 등단.
- 시집 『東津江月令』(1975년)을 시작으로 『草民』(1981년 『脫觀念』(1988년), 『딸아 시를 말하자』(2000년), 『첫 나비, 아름다운 의미의 비행』(2001년), 『빈자리*x*』(2008) 출간. 시선집 『동학시』(1994) 출간. 시론집 『꽃의 문답법』(1999년), 『이상의 디지털리즘』(2005년)을 출간.
- 2000년 『自由文學』 봄호에 시론 「詩의 수학적 존재증명」이 당선. 이 시기를 기점으로 많은 변화를 하여 초현실적인 작품들을 발표.
- 제3회 '詩와 意識賞' 수상(1990년). 제26회 '詩文學賞' 수상(2001년).
- 계간 『詩向』 발행인.

오남구 시전집

노자의 벌레

글나무

일러두기

* 이 책 『오남구 시전집』은 기간 시집이나 지지상(紙誌上)에 발표된 작품의 오자, 탈자, 오식, 부정확하거나 적절하지 않은 표현 등을 바로잡고 일부 폐기, 수정하여 수록하였다.
* 이 『오남구 시전집』은 『동진강월령』(제1시집, 1975), 『초민』(제2시집, 1981), 『탈관념』(제3시집, 1988), 『딸아 시를 말하자』(제4시집, 2000), 『첫나비, 아름다운 비행』(시와 시론집, 2002), 『빈자리*x*』(제5시집, 2008) 6권의 저서를 연도별 역순으로 수록하였다.
* 『첫나비, 아름다운 비행』(시와 시론집, 2002)은 시론집이므로 시론을 제외한 시만 수록하였다.
* 수록 시집의 안쪽 차례가 있는데, 이는 시집의 차례이다.
* <노자의 벌레>는 제5시집 『빈자리x』 이후의 발표된 시들로 시집으로 엮지 않은 것을 정리하여 수록하였다.

| 차례

노자의 벌레

제5시집

빈자리 *x*

시와 시론집

첫나비 아름다운 비행

제4시집

딸아 시를 말하자

제3시집
탈관념

제2시집
草民

제1시집

동진강월령

2008 이후

노자의 벌레

* 〈노자의 벌레〉에 수록된 대부분의 시들은 월간 『시문학』에서 '하이퍼시'라는 기획특집으로 수록된 작품임.

빈 껍질 소리

개펄에 깔린 빈 껍질소리
그만 썰물이 쓸어가지만
틈 있음 또 와서 한쪽 귀퉁이에 쬐끔
낙서도 하고 혼자 머뭇거리다 갈께요
어느 날 벌레 한 마리와 내가
지난 겨울 자잘한 얘기 중 생각 난
그런 거 있잖아요, 시시한 추운 눈물
또 키득거리는 바람 든 웃음 같은 거
쬐끔~씩 써 남겨 놓고 갈께요
은유의 바다에 사는 빈 껍질들
제 나름 담아 머리에 이고 가겠지요
변산 내 고향의 개펄엔
게들이 두 집게로 물어 이고 가면서
붉은 해가 아주 달게 익지요

비오는날의우산속'띵이*'

'띵이! 띵이!' 우산속에소리의기호들음표를떨어뜨리고가지, 그럼아마봄새싹들이우산속으로들어와초록의가늘은입김을불어넣어귀속에다리듬을쏟아붓지, 추웠던지난겨울의이웃개미랑아주쬐끔~씩눈물나는인동의삶이야기를촉촉이적셔주고갑자기벚나무마다'띵이! 띵이!' 튀밥처럼흰꽃잎들하늘로쏘아올리지

* 띵이 : 블로그에 있는 캐릭터 이름/ 통기타소리, 비소리

주인을 찾아야 하는 책

블록 귀퉁이에 언어 한 마리
이쁜 마음의 곁에다 놓아 주면 그 녀석
아침 햇빛 한 톨에 기뻐하고 말 걸어오고
밤 달빛 한 올에 눈물도 보여 준다.

(주인을 찾아야 하는 책, 빈자리x)

달을 먹고 해를 먹고 살 비벼대어
그래 잠 설치기도 해 쓸쓸할 때에
언어 한 마리를 풀어 논다.

(소문나지 않게 쪽지 주세요)

핑크 글자

북한산의 계곡 점! 점! 점! 핑크 물감을 찍는다 회색배경 수많은 진달래가 피어나서 얇은 날개를 펴며 공중에 뜬다 아득히 작은 웃음소리 깊은 계곡 증폭되었다가 소멸하고 얼핏 바위 사이의 낮달 얼굴을 내밀었다가 사라진다 급히 카메라 클로즈업! 한점 바람에 진달래 날개를 가냘프게 흔들고 계곡에 핑크 글자를 마구 떨어뜨린다 나는 글자들 속 정신없이 날아다니며 가까이 더 가까이 날아 꽃술에 눈 맞춘다 싱싱한 숨결 코끝이 닿아 핑크 물이 들고 찰칵 찰칵 계속 사진을 찍는다 일순 번쩍번쩍 먼 지구 저쪽 사이버 공간에서 핑크 글자를 마구 떨어뜨린다 계곡에 누드 낮달이 누워 있다.

입춘시

새벽녘이 텅 빈다, 거울 속 환히 비치는 하늘, 불그스레 실눈을 뜬 쪽달이 베겟잇 속으로 미끄러진다. 베겟잇의 조각보에 꿈오라기 오락가락 청– 백– 적– 흑– 황 지금 신행 온 딸아이가 베고 있다. 꾸륵 꾸륵 흑두루미가 철원 하늘을 날아간다. 오르르~ 신부가 떠는 입춘에 나뭇가지에서 오락가락 햇살 따뜻한 에너지가 스민다. 꿈틀꿈틀 망울이 가렵고 겨드랑이가 가렵다. 거울 속에 팝콘 같이 흰 철쭉 꽃망울이 터진다

신발

1

시장 정육점 갈고리에 생고기와 나란히 걸린

가죽, 가족?

 *

2

냉장고 쇼 케이스 안의

내 신발은 260 밀리입니다

아내의 신발은 235 밀리입니다

아들은 나와 똑같은 260 밀리입니다

* sbs 동영상 캡쳐

피켓
—하이퍼텍스트 · 1

2MB = 2 **M**ega **B**yte (약 3.5원)

2MB = 2 **M**icro **B**yte (가격산출 불가능)

2MB = 2 **M**ad **B**ull(미친 소)

MB = **M**y **B**ush(나의 부시)

2MB = 2 **M**(멍청하고) **B**(부지런한) 놈

2MB = 2(이) **M**(뭐) **B**(병) → 이거 뭐 병신도 아니고..

MB = **M**oues **B**aby

* 하이퍼텍스트/ 순수언어의 시(텍스트)에 대한 상대적인 것으로서 그림과 기호가 뒤섞인 '잡종시'라고 할 수 있다. 요즘 담론이 되고 있는 '디카시'도 이에 해당한다. 넓게는 모두 하이퍼텍스트로 분류되며 아방가르드이다. 특히 위의 시는 이니셜을 하이퍼텍스트로 읽은 것. 각기 2와 M과 B는 마디를 이루며 그 마디는 많은 언어를 상상하여 만들 수 있는데 이것이 링크이다. 링크를 따라 여러 방법의 읽는 경로가 나타나는데 독자는 읽고 싶은 대로 읽어가며 유희하고 카타르시스 한다.

관광버스

—옴니버스

차창으로 비탈길이 들어온다 해는 뜨거운 큰 능금, 한 알 산 가랑이에 앉아 익고 있다 **관통**하는 산비탈 길을 잡고 둥둥 뜬다 세미나 재미나는 끝나 심심한 버스 (아아— 마이크 시험!) "지금 길이 동서로 **간통**하고 있습니다" **관통**이란 말이 **간통**으로 발음이 비틀어진다 비탈은 조마조마 내려가고 옴니버스 스팟 뉴스 화면 연설문의 사투리는 계속 비틀어진다 "**강안**도를 동서로 **간통**시켜서 **간강**단지로 만든다" (강원도를 동서로 관통시켜서 관광단지로 만든다) 재미나 **간강**은 안전 띠 단단히 매고 입을 꽉 다문다 해는 차창을 기웃기웃 빨간 능금, 얼굴 붉히고 깔깔깔 넘어간다

대남문

향로봉 허리에 걸친 보랏빛 얇은 안개 은밀히 속이 들여다보이고 탕춘대 등마루가 머리를 들이민다 구기─홍제─녹번─불광까지 지명을 돌아나가 느릿느릿 용트림하는 능선에서 둥 둥 떠 앞을 바라본다 향로봉─비봉─문수봉─보현봉이 병풍을 펼친다 두 언어 족두리봉과 사모봉을 마주 세워 놓고 문수봉과 보현봉이 미끈히 가랑이를 벌린 사이 대남문이렷다! 껴안듯 양 팔을 뻗은 성곽의 아치형 구멍에서 빨간 언어 등산복이 걸어 나온다 선방 쪽 흰 구름 모자가 떠 있다 길들을 덮고 있는 눈 위에 양편으로 매어 논 흰 로프가 경계를 짓는다 절 쪽으로 가는 안전한 등산로 문인산악회원들은 '차이와 경계' 담론을 계속한다 로프를 넘어 양지로 길라잡이 하다 내가 말을 던진다 "로프는 위험한 길을 가지 말라는 경계인데..." 그때 누가 귓가에 속삭인다 "아까 지나가는 꼬마 아이한테 물어봤는데 로프를 넘어가도 괜찮다고 했어 아이는 부처님..." 아이가 소를 끌고 가는 '심우도'의 빈 원圓 은밀히 들여다보는 구멍에서 빨간 언어 내 등산복이 걸어 나온다

사과

배들녘*은 풋벼의 바다, 아침 고요로운 지평선에 풍! 떠올랐다가 풍선처럼 서서히 내려오고 있는 붉은 사과, 동진강 하구에서 쌀을 실으러 거룻배가 들어왔었다는 '배들이' 들판! 손에 든 들판은 피켓! 손해난 '배 들이'어서 빚으로 들들 볶일 판 피켓 들고 전봉준이 들이칠 판, 숨을 멈추고 있는 풋벼의 바다 황혼에 내가 주먹 속에 받아 쥔 해 사과를 굴린다, 굴러가며 가르마 같은 선을 긋는다 선을 따라 불이 화~ 화~ 일어난다

* 배들녘 : 동진강 상류가 흐르는 들녘 여기에 만석보가 있다. 조병갑이 보를 쌓고 물세를 받다가 농민들이 저항하여 동학란이 일어났다.

배낭

—산목의 팔순에 붙여

블랙 야크의 배낭 쫙— 지퍼를 열자, 해가 튀어나와서 아이처럼 문 앞에서 먼저 서성이고 함동선의 넘치는 검은 머리칼 뒤 배낭 위에 타고 앉아 있더니 진달래 능선의 어린 해가 앞에서 팔짝팔짝 계곡을 건너뛰며 좌로 우로 좋아라, 물소리 깔깔 함께 웃고 있다 오늘 랑데뷰의 날, 동쪽 진달래 능선에서 김용오와 함께 눈길을 걸어오고 서쪽 산성 입구에서부터 올라온 문덕수 심상운 오남구가 정상의 대동문에서 진달래 능선을 내려다보고 있다 함동선의 머리와 배낭에 흰 눈가루가 뿌려져 있다 등산길이 가파라졌나 한숨을 돌리고 섰는데 배낭의 등 뒤를 밀고 뒤따라오던 해가 혼자서 칼바위 능선 위에 올라가 섬찟 아슬아슬 올라가는 등산객을 내려다본다 문덕수의 시집 출판 기념 시낭송이 끝나자 어깨에 와 있는 해를 집어넣고 쫙— 블랙 야크의 배낭 지퍼를 닫는다

젓가락

문수봉에서 삼천사로 흘러내리는 계곡
물소리를 밟고 걸어간다

...... 초등학교 사택 뒤안길이다

향내가 난다, 은밀히 뒷물소리를 엿듣다가
깊은 녹음 속에 빠져 허우적 허우적
산소를 마시며 헤엄치듯 간다

바위를 붙잡고 기대어서 흘끗
올려다보는 하늘 속에
두 그루 솟아오른 직선
소나무가 젓가락이다

"말하는 동물들이 떠들고 있다"*

그때 하늘의 기웃거리고 내려다보던
작은 구름 한 마리
고 쪼그만 게 까불다가

젓가락에 붙잡혀서 꿈틀거린다

* 말하는 동물 ; 안광태 시인의 말 (2008.6.)

약수터

도화지 상단에 감청색을 짙게 칠해 놓는다. 바라보고 있는 나지막한 구릉에서 붉은 빛살이 올라온다. 울울 서있는 아까시나무들 사이 해가 반사경처럼 약수터를 환히 밝혀 놓는다. 캐릭터 셋이 의자에 앉아 있다. 낡은 골프 모자, 굵은 테 안경, 빨간 딸기코 노인, 옆에 빈자리가 남아 있는 긴 의자 뒤편에 쫄쫄 약수가 페트병 속으로 떨어진다. 빨간 딸기코가 일어나 빈 병을 바꾸어 놓으며 침묵을 깨뜨린다. “왜 개가 안 보여” “그러게 말여” “갔나 벼” 셋이 주고받고 다시 말 없이 앉아서 제각기 다른 방향으로 시선을 던져 놓고 있다. 반백의 꽁지머리 하나가 구릉에서 약수터로 내려오더니 페트병 하나를 놓고 몇 번 팔 굽혀 폈다가 빈 의자 끝에 앉는다.

신호등

횡단보도 신호등이 깜박 깜박이기 시작할 때 "하나씨!* 백병원 어디로 가지요?" 흰옷 입은 여자가 길을 묻는다 돌아서서 묵묵히 남산이 있는 방향 뚫린 공간으로 손 가리킨다 저물녘 해가 한 뼘 남아 있다 하얀 빌딩이 치솟아 있는 틈새 일렬로 줄을 선 가로수가 엇둘 엇둘 발맞추어 뛰어 간다 올 여름 첫 매미가 찌르르 운다 갑자기 웅~ 이명이 운다 몇 해 전이다 형의 응급실 찌르르 내 온몸에 소름끼치고 전자음이 삐- 삐- 삐이- 울린다 멍 하니 하늘을 보는 사이에 횡단보도 깜박 깜박 파란불이 꺼진다

* 하나씨 : 할아버지의 사투리

天門

사화집의 23쪽 천天에서 김규동 시인의 목소리가 들린다 "규천아, 나다 형이다"(규천은 1948년 1월 평양에서 헤어진 아우 이름) 이런! 각주를 읽다가 그만 내 눈이 빨개져서 얼굴을 돌리고 바라보고 있는 푸르른 하늘, 미당의 목소리가 들린다 "한 발은 이승에 있고 한 발은 저승에 있다" 사당동의 마당 구석에서 꿩! 꿩! 단장斷腸의 장끼가 운다, 푸르른 하늘, 천문 앞에 와서 쓰는 한 줄의 시들 오늘밤도 벌레들이 내 베개 머리에 와서 왁자하게 운다 새벽에 눈부신 달 한 개를 어깨에 짊어지고 천문을 바라본다 미당이 찌르찌르르 시를 쓴다, 찌르레기가 창에서 운다

* 장끼 : 미당이 집안에 꿩을 길렀다. 그땐 울음소리가 참 낭만적으로 들려왔는데....

깍궁

싹이 트려나, 배낭을 벗어 놓고 양지 볕에 앉아 몸이 근질근질하다. 긴 다리로 떼지어 서있는 계곡의 진달래며 철쭉 싹이 트려나, 아른 아른 기척 없이 날아든 작은 새, 까맣게 잠이 든 앙상한 가지 부리를 부비어 흔들다가, 새싹에 대고 내 어머니의 맑은 목소리 깍궁! 소리치고 포르르 다른 가지로 날아간다. 또 한 마리 뒤따라 깍궁! 하고 포르~ 포르~ 포르르~ 포르~ 앞을 서거니 뒤를 서거니 두 마리 작은 새 깍궁! 깍궁! 소리치고 새싹의 잠을 깨우며 날아다닌다. 싹이 트려나, 진달래 철쭉의 앙상한 가지들이 꽃샘바람에 흔들리어 이~잉~ 잉 울어댄다. 일시에 아가야 깍궁! 깍궁! 계곡에서 일어나는 맑은 목소리 환청이 돈다.

서울의 봄

봄맞이 족두리를 쓰고 비 을씨년스러서 앞 옷깃 여미고 기다렸지, 잠 속이 몽땅 젖어 내리고 사모를 쓰고 비 을씨년스러서 온몸이 조바심쳤지, 북한산에 족두리봉과 사모봉을 마주 세워 초례청을 차려 놓고 글쎄… '서울의 봄' 나들이, 장흥 계곡은 이미 뜨거운 해가 와 있는 게 아닌가, 물가 한낮 햇볕 아래 발 담그고 곁에 수박이며 참외며 여름을 놓고 있었지, '잃어버린 봄을 찾습니다' 태공 곁에 앉아 찌를 바라보고 호수를 들여다보고 봄을 기다려 보지만 아주 감감하여 그냥 일어나 쓸쓸한 뒷모습으로 왔지, 동과 서의 신랑 신부 초례청을 차려 놓고 을씨년 을씨년 기다리다 그만 봄을 잃어 버렸지

요만큼 희망

엄지와 검지를 벌려서 '요만큼 남았군' 서산에 지는 해를 보며 말하는 탕춘대의 문덕수 선생님이 보인다. 지금 해가 나무가 울음이 서 있는 스카이라인 위로 '요만큼' 떠 있다. 서정시를 쓸까? 그렇기에는 달관하지 못했다. 하이퍼텍스트나 쓰자. 내가 표현하는 요만큼을 사람들은 어떻게 읽어낼까, 어느 시인이 와서 놓고 간 창가 '동전나무'가 엄지와 검지로 내가 벌린 '요만큼'이다. 문병 왔다가 가는 A친구의 뒷모습이 '요만큼'이다. '요만큼' '요만큼' 나도, 숟가락도, 엄지와 검지의 사이에 있나? 요만큼이 얼마일까? 궁금하네.

"금식입니다. 내일 검사가 있습니다" 침상에 오싹오싹 부호가 쏟아진다. 피타고라스를 데려와서 밤마다 밤마다 계산해 본다.

Ⅳ 폴대*

79병동의 창가 침상이 붕 뜬다. 연세대 캠퍼스가 눈 아래 펼쳐진다. 가을이 오는갑다, 금빛 미소를 띠는 잎새들이 부드럽게 아픈 등 밑에 깔아 놓았다. 언뜻 창을 가로질러간 비행운飛行雲이 서에서 동으로 있다. 이 구름길에 닿을 듯 말 듯이 비닐백을 매단 Ⅳ폴대가 솟아 있다. 몸 속의 핏줄 하나가 빠져나가서 수액백에 이어진다. 통증이 멎고 한 방울씩 맺었다가 뚝뚝 떨어지는 수액을 물끄러미 바라본다. 아슴이 떠오르는 갈현동 집, 아내와 딸들이 눈물을 뚝뚝 떨어뜨린다. "천명에 부쳤는데, 안절부절 내가 왜 이런당가?" 저기 지난 여름 탕춘대 진달래 계곡에 상운형이며 규화님의 모자가 보인다. "상운이 형! 내 주치의가 '유내춘인데요' 이 텍스트를 하이퍼하게 읽어 '너 봄이 온다'로 읽어도 되지요."

* Ⅳ폴대 : 주사액을 거는 막대

부호 그리고 벌레

꿈같다, 진통제를 맞는다, 띵 머리가 아프다, 갑자기 창을 통해 날아든 비둘기 한 마리가 날아와 눈 앞에서 퍼덕거린다. 눈 아래 길들이 꿈틀꿈틀 벌레다. 나무로 기어올라가기도 하고, 무수한 벌레들이 꿈틀대는 부호다. 돌아보는 길, 내가 걸어온 길, 무수한 부호들이 날아서 꿈틀거린다.

저 부호를 누가 읽어낼까, 하이퍼 시인들에게 부탁할 수밖에, 나는 부호의 벌레.

낯선 사람

봄이 오는데..... 왠 낯선 사람이 거울 속에서 봄을 기다립니다 굴러가지 않는 자전거의 페달을 밟고 텅 빈 거울 속에서 앉아있습니다 거울 속은 영 봄이 올 것 같지 않습니다만 낯선 사람이 혼자 자전거의 페달을 밟고 봄을 맞으러 열심히 달리고 있습니다 문득 문득 떠오르는 얼굴들이 곧 스러지고 눈도 코도 없는 밋밋한 해가 어깨에서 집니다 낯선 사내는 하루 종일 거울 속에 갇혀서 꼼짝 못하고 있습니다. 거울 밖은 봄이 오는데

노자의 벌레

그날, 실실 오는 봄비! 우리 집 장미 울타리를 넘어 울음이 된다. ―아침 산책길― 앵봉산 기슭 보라연무가 꿈틀꿈틀, 긴 두루마리 화장지를 풀어 눈앞에 걸쳐 오솔길을 놓는다. 벌써 점심 예불인가, 따악 딱 딱 딱 딱... 청딱따구리가 목탁을 친다. 딱딱 치는 소리가 내 무거운 발걸음을 잡아끈다. ―거울 속이다― 연무 속 또 하나의 내가 가뿐가뿐 걷고 있다. 등 뒤에 봄비의 울음을 파릇이 놓고 통증도 다 내려놓고 딱딱 소리가 이끄는 대로 연무 속 빠져든다. 갑자기 기침 소리가 난다. 앞서가던 내가 비척비척 뒤따르는 껍데기 나를 본다. ―화면 클로즈업― 딱따구리가 쪼아댄 푹 파인 고목, 그 곁에 가늘게 흔들리고 서 있는 떡갈나무 가지에 열심히 기어가는 벌레 한 마리가 보인다. ―노자의 벌레, 신선일까?― 달콤하고 연한 향기가 나는 잎 방향으로 간다. 그 옆을 비척걸음으로 허리를 구부려 열심히 가는 내가 보인다. 향기로운 다슬기탕이 있는 서오릉 방향으로 간다. 두 마리 자연속의 벌레,

쑥 쑥

족두리봉에서 쏟아져 내려오는 진달래꽃 사태에 내 몸 향에 묻는다. 향로봉에서 쏟아져 내려오는 철쭉꽃 사태에 내 몸 눈물에 묻는다. —입산 치료 중— 결가부좌 하면, 산길 환한 세상 진달래 꽃 속을 떠돌고 철쭉꽃 속을 떠돌고 안개 속 서오릉의 능선길을 걷는다. 아늑히 돌아서 나오는 후미진 공터에 쑥이 자란다. 간밤 봄비에 쑥쑥 자란 쑥, 어느새 내 공포 두려움이 쑥 쑥 자란 쑥, 지팡이를 놓고 쑥을 뜯는다. 땅에서 쑥쑥 솟아오는 울음! 쑥을 뜯는다.

산 아래 쑥국! 쑥국! 애간장을 녹이고 쑥국새 운다. 아침, 아내가 끓이는 정성 쑥국 향에 묻는다.

동행

서오릉 녹음의 터널 속을 간다. 머리 위에서 수없이 손사래 치는 푸른 잎 뿌리는 햇살 꽃잎들. 발아래에 반짝 반짝 그림자 부호를 떨어뜨린다. 그림자를 밟는 두 늙은 그림자. 앞에 서서 지팡이로 콕콕 부호를 찍고 가는 그림자. 뒤에 서서 지팡이를 들고 가는 그림자. 쉼터 의자에 잠깐 쉰다. 뻥 뚫린 하늘을 바라보다가 심심히 휘— 공터를 돌고 녹음의 터널 소실점에서 사라진다.

명릉 홍살문을 걸어 나온다. 고종목 시인과 나

옹알이

옹알이 엄마가 듣는다 ―으― 응 응응 응- 젖을 준다―으― 응 응응 응― 자장가를 부른다 옹알이 하늘이 듣는다 ―시천주조화정 영세불망만사지―달팽이 걸음으로 약수터의 비탈길을 호히호이 가다가 소나무에 기대어 내가 주문을 왼다.

달팽이 좁은 등에 진 삶의 무거운 어둠 덩어리, 음― 음― 몸을 따뜻하게 어루만지는 봄햇살 ― 어머니! ― 어머니! ― 풋내음이 까만 등을 씻어 내린다.

― 지지 ― 찌지 ― 지지 ― 지지 ― 새의 옹알이

― 이리와 ― 이리와 ― 이리와 ― 나의 옹알이

포르르 날아드는 날갯짓 소리, 몸이 쥐색인 새 한 마리 포르 포르 층층 나뭇가지를 내려와 나와 눈을 맞춘다. 또록또록 눈망울 굴리고 가지에 주둥이를 부벼대고 꼬리를 쫑긋거리다가 .... 포르르르 ...... U자의 어머니 부드런 가슴선을 긋고 비약한다.

무심히 따라간 시선, 흔들리는 가지들 응응 한꺼번에 일어나는 새싹을 본다.

철조망

서오릉에 해가 15°각도로 내려 앉아
철조망의 뾰쭉한 가시 그림자를 능선 길 위에 깔아 놓는다.

—회한의 가시
—절망의 가시
—그리움의 가시

내가 맨발로 밟고 걸어가고 있다.

좌선 사격 준비 끝
우선 사격 준비 끝
사선에 엎드린 일병 내가 15° 각도로 내려온 표적 해를 겨냥한
다

탕 탕 수색 쪽에서 총소리가 난다
핏빛 해가 능선 밑으로 떨어지고 있다

무서운 벼랑

비 구름이 얇게 발목을 감는다. 길은 십여 미터 쯤에서 사라지고 거기 산발한 우울증이 서 있다. 벼랑가에서 바람이 우— 우울 나지막하게 운다. 갑자기 동거하고 있는 돌이 하얗게 눈을 가리고 벼랑에서 뛰어내린다. 수직으로 선을 긋는 돌, 팡 팡 팡 바위 서리에 부딪친다. 그러자 우울증의 핏빛, 핏빛, 선들이 분수처럼 솟구치고 진달래가 피기 시작한다. 벼랑이 무섭다. 나는 소리치며 달아난다.

—등에 흥건히 땀을 흘리고 앉아 있는 새벽 2시.

산책길을 간다. 무서운 벼랑을 간다. 등에 지고 있는 내 무거운 돌 가족들의 얼굴 하나 하나 떠올리며 인내하는 돌이 벼랑을 아슬아슬 지나가고 있다.

지갑

—흔들리는 존재

석양 떡갈나무 밑에 앉아서 그림자 하나가 가늘게 흔들리고 있다. 한참 심심해 주머니 속의 지갑을 꺼내어 열어본다. 맑은 향이 확 풍긴다. 향이 좋아 갈피 사이 끼워 둔 천궁의 푸른 씨앗이 말라 초췌하다. 아른 아른 칸칸이 누워 있는 카드, 하나씩 하나씩 꺼내 본다. 그때 '진료카드'에서 흰 가운을 입은 간호사가 나온다. 척! 왼팔에 바코드 링을 채운다. 디지털 숫자로 읽히는 나, 환의를 입은 그림자 하나가 가늘게 흔들리고 있다. '보험카드'에서 셋째 딸이 나온다. 10% 진료비를 수납한다. 그녀 뒷모습 머리채가 가늘게 흔들리고 있다. '비씨카드'에서 둘째딸이 나온다. 시집 디자인을 팔고 인터넷 뱅킹으로 돈을 넣는다. 그녀 컴퓨터 앞에 앉은 어깨선이 가늘게 흔들리고 있다.

지갑에서 꺼내어 보는 가족사진 1장, 모두 환히 웃고 있다.

해 알갱이

현기증이 핑— 돌아,
벽 밖으로 뻥 뚫은 네모□ 외로운 기호
창을 꽉 움켜 잡는다
……, 비는 손길의 가느다란 떨림이 그치고
내 눈시울에 해가 번쩍 돈다

오늘도 나는 살았다!!!

기호□ 밖으로 손을 쑥 밀어 내민다
좁고 푸른 베란다가 쭉 펼쳐지며
난사하는 해 알갱이들을
주먹 안에 오도독 쥐는, 내 손

외로운 기호 네모□, 창을 움켜잡고
10여 년 전일까 아내랑 키워 논 한란
홍화소심의 맑은 향내 난다

블럭

아이가 블럭 ○, △, □의 이미지, 기호들을 방안에 가득 흩어놓는다 혹한에 천정만 보고 누운 나, 비몽사몽간에 블럭이 저절로 해체되었다가 모인다 네모□에서 뒷다리가 쏙 나오고 앞다리가 쏙 나오고

맹— 맹꽁— 이미지의 맹꽁이가 기어간다 어디로 나를 한참 데리고 간다 가다가 갑자기 고개를 푹 꺾는다 그리고 침묵! 침묵! 사방은 강철 같은 침묵이 계속된다

(이대로 숨이 멎는 것인가)

아이가 쿡 단추를 누른다

맹— 맹꽁— 이미지의 맹꽁이가 기어간다

하얀 종이 비행기

하얀종이비행기가수직절벽위에뜬다,(어딜까,종이비행기가멈춘곳) 챠르르르폴대가밀고가는단단한어둠,(뚜,뚜,뚜,뚜우-누군가의비상신호가뜬다)*잠시소음이사라진시간,침상에엎딘딸아이가잠들어있다.거꾸로거꾸로영상이돌고돌고……,20여년전그날,아내가오랜만에퇴원하여집에돌아온날밤,초등생딸아이가한손에하얀종이비행기를쥐고잠들어있다,점점더커지는딸아이의얼굴,눈가에잔주름이기어간다.

* 코드블루 : 심폐소생술이 필요한 응급상황 뚜, 뚜, 뚜, 뚜우– 비상신호를 울린다

노란 망태버섯

—환청

'일·어·나·세·요'속삭이듯들린다눈앞에안개계곡이비단결이다'일어나세요'또들린다그녀,까만모자를어깨까지눌러쓰고노란그물망태를걸치고산책길에앞장선다오르막길나무계단에서내가산초잎향을코끝에문지르고가쁜숨을몰아쉰다떡갈나무잎다섯갈피녹색의손부채가사운거리며바람을일으킨다스르르뱀처럼부드러운잠이온몸을휘감아오고'일·어·나·세·요'속삭이듯들린다그녀,동행하는발레리나,절정의춤사위노란망태를쫙-펼치고날아갈듯발돋움이다.

느낌표

서. 一神을 먹는다

신은 진통제인가
신을 먹는다
울부짖는 아픈 짐승의 소리가 멎자
사람의 소리, 소리

1.
시 전집의 끝장을 넘기고
퇘! 침을 뱉는다
시의 느낌표를 뱉는다
봉인하듯, 짐승의 경계에
오물을 갈겨댄다

의미는 썩고……,

묘비명
'여기 내 껍데기를 보아라!'

2.

끼를벨자(연필가는대로설사해버리자)전라북도부안군백산면거룡리445번지천도교전교실에태어나서시천주의귀신하고나놀고고부군조소리전봉준고택솔밭머리떠돌면서떠꺼머리머슴들귀신하고나놀고어찌어찌하여시를쓰는데에라잇겁쟁이! 동학의의는어데갔나!5.18에데모한번못했구나의기높던청년시절북한의124군부대귀신하고총질이나하고예비군, 민방위하다불혹지천명다지냈네

3.

짐승이울부짖는송곳니를가리자, 암아, 까짓무서운벼랑이든나뭇가지든올라앉으면소스라치게놀라는진달래, 철쭉!, 분홍꽃들입에물고산속둥둥떠예쁘게같이살자, 암아, 서오릉의풍경속가장간단히보여주는황혼의퍼포먼스, 능선위에온몸으로느낌표를찍자, 해는15도각도조명을비추어주고그날, 등산모를눌러쓰고능선위를바라보고있는시인MKSAL .....,

4.

능선으로가고있는쉼터의공간, 녹색이파리들구멍사이로멍하니보는하늘, 비였다가아니었다가녹색이파리를적시는느낌표, 선이었다가아니었다가몽롱한느낌표, 녹색공제선상에한조각엷은무지개를놓는다쉼터의공간, 쓸쓸하다가보일듯말듯은빛선을타고공중에서내려오는손톱만

한길이의녹색벌레한마리,주욱-스카이다이버처럼쉼터에내려온다한번
두번바람에흔들리고깜짝놀라다시은빛선을잡고공중으로올라간다쉼
터의보일듯말듯은빛선어데인가허공속으로이어진다

사물 A&B

간밤 얼씬거리던 사물A, 백지 속으로 날아든다 비봉의 눈발이 어릿어릿 비치고 앵앵 삭풍소리가 운다 백지 속 한 가운데 앵앵 아이가 운다 그렇게 사물 A가 비우고 비운 자리 더 하얗다, 하얗다 못해 푸르스름하다 이울증 비우고 비운 날 얼씬거리던 사물 B, 책상 위의 상단에 시베리안 허스키 인형이 고개를 삐딱 갸웃이 바라보고 있다 그의 좌측에는 빛바랜 안경집이 있고 한 가운데 놓인 잡지 속에서 푸른 산바람이 인다 그 하단에는 노트북이 있고 햇살이 희미하게 깔리고 있다 얏호— 소리라도 쳐보자, 북한산아

제5시집

빈자리 x

(2008. 1. 글나무)

시집 <빈자리 *x*> 차례

* 원본에 수록된 시들은 일부, 수정하여 전집에 수록하였음.

■ 머리말

이 시집은 『빈자리*x*』라는 좀 낯선 이름이다. 1988년 『탈관념』이란 시집을 낸 이후에 "나는 5라는 기호 위를 날아갑니다."라고 말하여 기호학적인 실험시를 예고한 적이 있다. 그래서 2002년에 『첫 나비 아름다운 의미의 비행』을 냈으며 이어 6년 만에 다시 이 시집을 내놓는다.

'빈자리'에는 시인(의식)이 관계를 짓는 장소와 상황 등이 있다. 나는 여기에 *x*를 붙임으로써 '빈자리*x*'란 말을 만들었다. *x*는 빈자리에서 시간이 흘러가며 시인(의식)이 관계를 짓고 발생하는 의미를 뜻한다. 그래서 '빈자리'는 기표 또는 언어껍데기라는 말로, *x*는 기의(의미—관념)라는 말로서 이는 기호학의 형식 논리에 접근된다. 동시에 이 '빈자리*x*'를 함수의 개념으로 이해하여 시간의 흐름에 따라 발생하는 현재의 의미(시인의 의식—관념)를 *y*라 하면 '*y*=빈자리*x*'라는 등식이 성립된다. 여기서 시간의 변수인 *x*를 소거(미분)하게 되면 시간을 거슬러 올라가 처음 인지하는 시점으로 돌아간다.

이런 가설 아래, 나는 '탈-관념(필자의 造語)'을 시간의 개념으로 설명하는데 빈자리에서 시간의 흐름에 따라 사물과 관계를 지으며 의미가 형성되어가는 과정에 주목하고 그래서 시간을 거슬러 올라가 맨처음 사물을 인지하는 시점인 관념의 제로 포인트를 '탈-관념'으로 보고 그 시쓰기의 방법을 찾는다. 염사 접시는 그 하나의 예이다.

탈-관념이란 무관념無觀念이 아니다. 관념의 형성 과정에서 처음의 순수한 인지단계로 이동하는 언어의 형식논리 위에서의 탈-관념이다. 시는 언어로 쓰고 언어는 기호이다. 이 기호는 인간이 만든 관념의 표현 수단이다. 결국 시는 관념을 떠나서 있을 수 없는 것이므로 나는 여기에서 이러한 기본적인 논의는 접어놓는다. 그러면 나의 탈-관념한 기호의 시 쓰기가 가능할까? 탈-관념 해버리면 관계를 짓는 장소 상황만 있는 빈자리의 텍스트만 남는다. 그것은 나의 오랜 동안의 숙제였다.

유전 공학은 인류의 꿈이다. 시에 있어서도 줄기세포의 배양이 가능한가? '빈자리*x*'에서 작가의 의미 *x*를 소거(탈-관념)하고 그 빈자리에 독자의 의미 *x*를 집어넣는 것은, 난자에서 염색체를 빼어내고 다른 염색체를 집어넣는 유전공학과 흡사한데, 텍스트가 독자에게 수용됨으로써 *x*를 소거한 그 빈자리에 제각기 '체험에 따라 의미(관념)'가 발생한다면, '빈자리*x*'는 시에 있어서 줄기세포에 비유될 수 있다. 빈자리의 텍스트는 시인이 쓰고 의미는 독자가 만든다.

나는 이 시집을 통해 30여 년의 아방가르드 시를 조심스럽게 보여준다. 지인들은 시가 '서화동행書畵同行'한다고 말한다. 텍스트(書)와 그림(이미지, 영상)이 같이 흘러간다는 것인데, '말하기'의 관념이 아닌 '보여주기'의 영상 때문이다. 시인이 추상적으로 관념을 말해버리면 영상은 떠올릴 수 없다. 그래서 나는 직접 관념을 말하지 않고 관념의 형성 이전(zero-point)인 인지단계의 개념, 또는 사물을 묘사하여 동영상을 보여준다. 그러므로 독자는 텍스트를 읽어가며 마임을 보듯 마음속에 영상을 떠올려서 감상한다. 영상시대의 '디지털시'이다.

2007년 만추에

1

봄이 차 한 잔을 놓는다

봄이 부~드~럽~다 눈을 쏟아 내리고 골목이 투명하다 살얼음 진 공기 팽팽한 막을 만들어 울타리의 장미덩굴이 꼼짝 않는다 새벽녘의 고양이가 스릉~ 팽팽한 막을 건드리고 간다 부~드~럽~다 내가 만진다 스릉~ 한꺼번에 사물들이 깨어 일어난다 길이 열리고 골목으로 어둠이 콸콸 흘러내리고 숨소리가 흘러내린다 그때 삭풍에 장미덩굴이 한번 뒤척이는 듯싶다 꿈틀꿈틀 움직이며 내 귀에 가까이 대고 "배아줄기세포의 이야긴데 아 글쎄....." 속말을 하여 내가 장미덩굴을 들추어 본다 이미 와 있는 뭉게구름 파란 잠이 있다 부~드~럽~다 내가 만진다 스릉~ 요걸 좀 흔들어 깨워? 말아? 검은 고양이 스릉~ 부드럽게 지나가고 봄이 차 한 잔을 놓는다

개미

산성의 행궁지에서 내려오는 길
계곡 너럭바위에 걸쳐 앉은 해가
해말간 얼굴, 맑은 물에 씻고 있어
물 속에 담근 내 발이 부끄럽다
슬며시 눈길을 돌리고 바라본 개미
3mm쯤의 일꾼 3이 엎디어서
서쪽 방향으로 물푸레나무 밑을 향하고
목공이 먹줄이라도 튕겨 놓은 듯
곧장 최단 거리로 기어가고 있다
무슨 역사를 하나, 저 개미
두 안테나를 세우고 신호를 받으며
일꾼 3이 엎디어 해를 짊어지고
가는 곳, 노 시인의 맨발이 따라간다
어머, 이 개미 봐!
투명한 소리가 물속에 계속 빠지고
물소리가 몇 분간 그 뒤를 따라간다
산성 행궁지의 쓸쓸한 바람
해말간 얼굴에서 머뭇거리고

카드를 읽는다

북풍에 쓸려 은행잎 카드 한 장이 길에서 따르르 운다 급히 주워서 손바닥에 올려놓고 읽는다 그 전언傳言의 떨림 아니 가벼움이 따~르~르 나의 신경 코드와 연결되고 온몸이 떨린다 카드를 읽는다 노란 잎에 푸른 기운이 사그라지고 있는 황혼녘을 읽고 내가 등에 업고 있는 어머니 모습 그 가벼움을 읽고 또 읽는다 점멸하고 있는 신호등과 12월의 달력 막다른 줄에 서있는 꺼벙한 내 모습도 보이고 몇 칸의 방에 서있는 숫자들이 따르르 밀려든다

신부

모니터에 신부가 흔들리고 있다
작은 딸아이가 디지털로 담아 왔다
잠이 안 오는 밤
큰 딸아이가 사뿐히 걸어와 앉아 있다
어데서 나타났을까, 저 신부
딸아이는 없어지고 아주 낯이 설게
신부가 흔들리고 있다
딸과 낯선 신부 사이에
딸이 없어진 껍데기만 홀로 남은 나
흔들리며 모니터를 보고 있다
대추씨 같은 이마를 형광 불빛에 반짝이며
자꾸 흔들리고 있다
껍데기는 아버지의 말
대추씨는 미당이 내게 한 말
껍데기든 대추씨든 간에 잠이 안 오는 밤
모니터를 보아도 보아도
딸아이는 없고 신부만 있다
얌전히 웨딩드레스를 입고 있다

청계천은 애완용이다

눈이 부드럽다 눈이 오고 청계천이 부드러워진다 눈과 청계천이 흐르면서 물억새의 억센 몸을 휘어 놓고 칼날 바람 끝이 부드럽게 휜다 그 후 꿈 속에 아주 작은 소리로 흐르면서 느닷없이 몸을 뒤틀고 난 후였다 또 간밤에 눈이 오고 눈은 부드럽고 청계천은 애완용이고 애완용은 이름이고 부르면 온다 부드럽게 꼬리를 치고 온다 한 떼의 몰려오는 오리가 부리를 물 속 깊이 박아서 열심히 우물거리는 건 흘러내리는 언어? 불빛? 확실한 것은 누가 던져 넣고 있는 동전은 아니며, 청계천은 부드럽고 부드러워서 흘러내린다 언어며 사랑이며 눈이 흘러내린다

청보리

아침 빙판길 청보리가 큰 화초분에 담겨 내 눈과 마주쳐 놓고 꼿꼿한 '푸름'이 눈 위에 서서 발돋움한다 그 위로 잎이 다 져버린 나무 사이로 텅 비어 놓은 A4 백지의 허공에 지난 밤 시 쓰다 버린 기호들이 바삐 깔리고 있다 한 점 구름이 북한산의 족두리봉에서 미끄러지고, 기러기가 갈겨 쓴 'ㅅ'이 미끄러지고 영하의 기온 속 화초분 안에 담긴 청보리의 '푸름'이 미끄러진다

티스푼

잔을 흔들면 하늘이 흔들린다, S나 K에게 실제 창가에 앉아 손에 들고 보여주는 사물 티스푼 갑자기 눈 맞추라고 한 작은 티스푼, 휘휘 커피를 휘저으면 그냥 커피만 저어지나 이 스푼, S나 K는 무엇이 저어졌을까(시를 보면 안다) 3년 전에 '눈 맞추라'고 준 나팔꽃 모종, K는 여름 가을 그리고 겨울 내내 꽃을 피우고 있다 아파트의 온실 효과로 겨울에도 꽃이 계속 핀다 그의 눈 맞추기는 겨울에도 죽지 않고 피는 나팔꽃, 오늘 강남의 나팔꽃을 휘휘 저었을까 S는 재개발 지역 창가 마른 나팔꽃 줄기에 스산히 부는 북풍을 휘휘 저었을까, 방금 창가의 커피 잔 속에 하늘이 들어와 있고 심심한 구름이 발을 빠뜨리고 있다

수안보 일박

작은 탁자 위에 나란히
서 있는 두 개의 유리컵과 물병이
삼각 구도를 이루어 만든 공간
의자 두 개가 마주하고 놓여 있다
유리컵과 의자를 비워 둔 채로
빗발 몇 개가 오락가락
삼각의 환한 공간으로 뛰어들며
밤 창에 부딪쳐서 툭툭 친다
희끗 희끗한 머리 그와 나
나란히 누운 방, 수안보 일박
머리맡에 떠있는 시계추
유리컵과 의자의 비워 둔
공간 안에서 똑딱 똑딱 간다
“저놈의 소리를 죽여 버려야지”
그가 불쑥 일어나 시계추의 목을
뚝 끊어 놓고 잠이 든다
빈 의자에 또렷하게
상고머리 청년 그가 와 앉는다

외롭다, 독도

—패러디 쓰기

일본 사람들이 독도를 다께시마 다께시마 부르고 자기네 것이라고 한다 화가 난다 왜 줄기차게 그러는지 화가 난다 그 이유를 잘 모르다가 거꾸로 다께시마를 불러보니 알겠다 '마시께다!' '맛있겠다!'

(가이드의 언어유희)

VS

외롭다 독도! 독도! 부르니까 외롭다 이 외로운 날 웬까 거꾸로 독도를 불러보니 알겠다 '도독!' '도둑!'

푸른 벨소리

봄은 차 한 잔의 향기가 난다
귀 가까이 은박지를 밟고 와
똑똑똑 여보세요?
아침 하얀 풋잠을 깨운다
울타리의 장미가 새순을 뻗고
기어가 바람 일렁이는
꽃불을 켜고 있는 가슴
신록을 꼭 누르면
깜박 깜박 디지털 숫자가 찍히고
싱그러운 손전화 푸른 벨소리가 난다
감전되는 떨림으로
여보세요?
신록의 첫 목소리가 울려온다
울타리에 멧새 한 마리가 날아 앉아
또록또록 눈망울을 굴린다

금강송金剛松

폭우 속에 북한산을 다녀왔다, 산은
산발하고 울움 지천이었다
누가 죽었나보다 삼일을 두고
설움을 토해내어 콸콸콸
계곡이 넘치면서 무수한 내 언어들
휩쓸리고 있어, 버티는 버티는
바위의 금강송 얼굴을 쳐들고
하늘을 우러러 보고 있었다

나는 원효암 근처 껍데기 배낭 하나 메고
시구문을 지나서 나왔다

시 당의설糖衣說

비가 오고 있다
사랑사랑 블로그 속에서 오는 비
아웃-풋 출력모드를 클릭하자
하얗게 펼쳐 놓은 종이 위에서 뛰고 있다
처음 뛰며 그려낸 그림, 가방의 약
쓰지 않고 단 약, 그건 사탕 또는 시
에워싸고 있는 당의糖衣의 불
달아오르는 가슴 6월 장미가 한창 피면
그 약이 사랑의 마약일 수 있고
울타리에 넘치는 눈부신 빛일 수 있고
비껴 긋는 글씨의 기호학일 수 있다
비가 오고 있다, 블로그를 촉촉이 지나
—누구 문향의 가방을 뒤지고 있다
심심할 때 프로필을 읽고 가방의 약 먹고
컴퓨터 속 기어다닌 선 수많은 발자국
걸어 나와 종이 위에 찍히고 있다
다시 비가 오고 있다, 사랑사랑

두 개의 거울 · 1

컴컴한 어둠의 공간(유닛1) 해가 튀어나오고 나무가 튀어나오고 바람이 불어나오고 새가 포르르 나온다 눈부신 물상의 공간(유닛2) 해에서 해가 튀어나오고 나무에서 나무가 튀어나오고 바람에서 바람이 불어나오고 새에서 새가 포르르 나온다 두 개의 투명한 공간에서 나는 애써 밀어도 보고 에라 모르겠다 깔고 앉아 보고 별일을 다 해보아도 거울 속처럼 미동이 없다 나는 어둠이었다, 빛이었다, 반복하며 깜박인다

두 개의 거울 · 2

나무가 나무를 바라본다
거울이듯 서로 비치는 나무마다 하나씩
쑥! 튀어나와 해가 뜬다

—반짝 인공위성이 마지막 사라진 뒤였다

뉴질랜드 해변에서 한 아이가 체조를 하며
차 올린 해가 서울 중천中天에 떠서
조금도 뜨겁지도 찌그러지지도 않고
투명한 허공 파랗게 부풀어 오르고

—파닥 새가 해를 치고 날은 뒤였다

거품이듯 서로 비치는 나무마다 하나씩
뽁! 빠지는 해가 진다

횡설수설

비틀비틀 공空인지 공球인지 보이지는 않지만 공 위에 올라섰다 '만해 축제 한 마당'에 나온 무산스님, 비틀비틀 공空 위에서인지 공球 위에서인지 비틀비틀 햇살에 취한 얼굴이 발갛게 탔다 몸을 가누면서 "마음으로 통하면 됐지" 한 말씀 하고 단壇에서 내려섰다

여미지 식물원

1.

500명 아이 젖을 주듯
제주의 여자 여미지가
큰 유리방을 꺼내놓고 있다
내 안에 꽃이 있다, 이 말
한 개를 가지고
아내의 휠체어를 밀면서
여미지 유리방 안으로 들어간다
물가에 가면 내 얼굴이 비치고
어느 블록 외진 곳 머물러도
유리방 안의 꽃이 마주한다
수시로 물방울 하나가 떨어진다
파문이 일렁이다 가만히 흘러
맑은 동공까지 가서 번쩍번쩍
눈썹 가에서 꽃들이 진다

2.

아름답다 아름답다
말들이 쌓이고 있는 돌탑 앞

잠시 멈추어 돌 한 개를 집어
꼭대기에 올려놓는다, 더 이상의 돌
아니 말 한 개를 얹힐 수 없다
뾰족 솟은 그 위에 올릴 수 없다
그래서 문득 말들을 와르르 밀고
놓은 첫 돌이 눈에 띄지 않는다
누가 향기 있는 돌 한 개를 놓으면
쌓아 놓은 꽃이 내 안에 비칠까

다향

무산스님의 말 한 개를 어찌 내가 끄리고* 있다가
다례 조실의 방명록에 내려놓는다
'마음으로 통하면 됐지'
이에 불자佛子 상운*이 말 한 개
'차나 한 잔 들고 가게'
댓구를 내려놓는다, 이 날
곱게 치자색 물들인 한복 차려입은 보살이 받쳐 든
다반茶盤
거울 속에 비친다
한 여름 내내 울안에 피고 진 치자색
티 없이 노란 아내의 눈물
눈길을 돌려 내린천에 줄지어 선 솔, 솔, 사이
솔솔 향이 내려간다

* 끄리고 : '끌어 안고'의 사투리
* 상운 : 심상운 시인

2

봄이 입력된다

지금 봄이 전철로 입력된다
레일과 전동차 나는 하나로 묶여
레일 위로 전동차가 가고
전동차 속에 내가 있다
내가 분열해야 할 지점은 을3역
봄이 휙 하고 입력되자 반사적으로
튀어나왔다, 그런데 불시착?
종3역 기호가 깜박이고
떨꺼덕 떨꺼덕 달아나는 전동차
뒷모습이 을3역으로 향하고
차창에 펄럭이는 봄 언뜻 비친다
레일 위에서 청각신경이 가고
르르르르 전동차가 달팽이관을 지나
터널의 점멸하는 경계를 지나
귀 기울이니 지금 찌릿 찌릿
청계천에서 봄이 입력된다

서설지나 텅 빈다

창은 플라타너스 잎을 가만가만 비운다
비우며 바람이 분다 가만가만
북서쪽에서 빌딩의 틈새로 소리가 흘러
조용한 흐름이 느껴져서 깊숙이 손 찔러서 넣은
주머니 속의 만져지는 감촉
매끄러운 동전 한 닢이 따뜻하다
쨍그랑,
깡통에 한 닢의 소리 던져 넣는 손
비우며 바람이 분다 가만가만
서설이 지났다 첫 눈이라도 내릴까
올려다보는 빌딩 사이로 조각난 허공이
찬바람에 김을 불어 넣어 뿌옇다
깊숙이 손 찔러서 넣은 주머니 속의
움켜 쥔 빈손이 텅 빈다
비우며 바람이 분다 가만가만
플라타너스 잎이 툭 치고 조용히 흐른다

천마총
—기표 여행

천마총天馬塚은 주인을 알 수 없는 무덤 껍데기 누구인지는 모르나 천마도가 나왔다는 말의 길라잡이

무심코 천마를 타고 환상의 무덤 속으로 들어간다 나는 화랑의 모자 아니 햇빛을 가리는 푸른 챙의 모자를 썼다

지금 천마총에 내가 누워 있다(아니다 나는 신라 때 시중 오 섬의 후예다) 누구일까 앞에 생생하게 떠오르는 그와 나의 낯익은 두 얼굴이 뒤섞이고 어른댄다 나는 눈 크게 뜨고 진열된 나비 장식을 보고 있다 누구일까 영혼이 천년 쯤 나풀나풀 날아오면서 그가 푸른 챙의 모자를 쓰고 있다

갑자기 그가 사라지자 무덤 속은 빈껍데기 유리벽을 사이하고서 진열되어 있는 천마도 천마가 혼자 달리고 갈기를 나부끼고 내 앞에서 구경하고 있는 신라의 이쁜 여자 스카프가 나부낀다

—음산히 바람이 일자 환청의 아득한 소리, 천마의 음속音速? 백성의 울음? 말발굽이 박차고 가며 나부끼는

구름무늬 스카프를 나는 무덤 껍데기 속에 놓고 나왔다

일천 자를 읽다

—에밀레종

신종의 앞뒤 명문 일천 자字를 읽다
(무릇 도는
형상의 '밖'에 있어 보아도
능히 그 근원을 볼 수 없으며
대음大音은
천지의 사이에 진동하니
들어도 그 울림은 듣지 못한다)
심심파적 이 문장을 해체한다
'안과 밖' 껍데기 소리
냅다 발길로 '밖'이란 글자를 차버린다
일천 자의 문장이 와르르 무너지고
신종이 와르르 무너진다
심심한 헛발질
하고 나서 미안한 헛발질
이건 불경(不敬, 佛經)하다? 좀 심했나
마음 슬그머니 명문을 마저 읽다
경주 관광은 하늘이 맑고
때마침 12시 디지털의 신종이 운다
콰아~앙 응~응~

(신종이 완성되니

그 모양이 산과 같이 우뚝하고

소리는 용울음과 같았다)

* 성덕대왕 신종 : 에밀레종 또는 봉덕사종이라고도 함. 제작연대, 불법 포교 등 일천자의 명문이 새겨져 있다.

디지털 불국사

사천왕문 앞 배경을 죽 당기면
미끈하게 깎은
비구니머리 같은 철쭉이 다가온다
삐죽이 나와 핀 꽃 한 개가
초등학교 때 본 순이 리본 같다
다시 죽 당기면 사천왕문 안
큰 발 밑에 밟혀 웃는지 우는지 모를
표정 하나가 나를 바라본다
저 녀석 간밤 꿈속을 헤집고 다니던
까르르 웃고 가는
붉은 꽃 또 하나
백운교 옆길로 달아나고 있는데
죽 당겨 놓고 입술을 보면
저걸 어째, 떨리면서 피는 꽃
남산 돌부처가 두근두근 빨개진다

설리

—인식의 오류

설리는 애완용 이름, 눈 설雪 마을 리里 눈 내리는 마을이란 이름 녀석은 털이 희디희어 마당에 풀어 놓으면 내 잠 속은 눈이 내린다 낮과 밤, 마당, 방, 서재, 내 꿈속 어디든 다니며 그 머릿속도 희어 순하고 순하여 짖는 법을 모른다(나는 흰 봄이나 하얀 기표로 비유한다)

이 이름에 몸짓이 있기 시작한다 설리란 이름과는 관계없이 서열에 맞추어 꼬리를 친다 녀석은 눈치를 채고 나, 아내, 큰애, 작은애를 안다 누가 무섭고 먹이를 잘 주는 지를 안다 제법 갸우뚱 생각하는 것도 같고 그 몸짓이 있다 그리고 그 이름에 적이 있게 된 것은 첫눈 내린 밤

발자국이 잠을 밟고 살금살금 와서 냄새를 남기고 설리의 스텐레스 그릇을 가져간다(그 그릇은 큰애가 사왔고 고기를 담아 주었다 고기와 스텐레스는 코드가 연결된다) 배가 고프고 고기가 그리울 때마다 스텐레스를 가져간 냄새에 적의를 일으킨다 냄새를 알아내어 짖어댄다(적의를 일으키는 코드다) 또 냄새와 연결된 발소리에도 짖어댄다(지금 밖을 향하고 있는 설리의 귀 기울임, 나는 인식의 오류를 심각히 생각했다)

설리가 짖어댄다 점점 확산되어 가는 적이 있다 또 냄새와 연결된 흰 머릿속에 검은 가위 소리

백남준의 연주

연주한다, 아니다, 백남준은
바이올린을 맨땅에 끌고 간다
기자는 이 순간 렌즈를 통해서
질질 끌고 가는 바이올린을 읽는다
레지던트는 신경정신과의 창가에서
질질 끌고 가는 강아지를 읽는다
나는 시를 쓰다가 눈을 감고서
질질 끌고 가는 연주를 읽는다
깨뜨린다, 활로 연주하는 방법
'참'인가, 이 연주 소리는?
귀 기울이며 가고 있는 백남준

그는 “이 소리도 아닙니다”
한마디 하고 훌쩍 사라졌다

백남준의 'TV시계'

떵~ 모니터에 뜬 허공
바늘이 수평으로 놓이면
찰라, 김제 만경의 지평선
파란 들녘이 펼쳐진다
바람이 살랑살랑 불고
벼들이 밀려 서쪽으로 기울다
다시 일어나서 똑바로 섰다가
다시 밀려 동쪽으로 기울고
바늘이 움직이고 있다
김제 만경 들녘의 TV시계
바람에 밀리고 맞선
어머니 아버지의 선
24개의 소리를 놓는다

청계 유리다리

오늘은 작은 불火 알들이 환히 눈뜬 빌딩 사이로 공간이 죽— 꿰뚫려서 물, 바람, 시간이 투명이 흐른다 갑자기 귓속에서 이명이 울며 소리가 들린다

어매야, 이것이 지상천국이 아니겄어?

물소리 밟고 바람소리 밟고 내려가니 정조대왕의 행렬도 만나고 전태일도 만난다 나랫목 유리다리에 이르러 쨍! 하고 맑은 유리 물상이 깨어질 듯 조심스럽다 서 있는 젊은 남녀 떨리는 만남이 있다

어머니의 컬러링

허공에 컬러링이 몇 번 울다가 그친다 낙엽이 흩뿌려 휘날리다 노랗게 발밑에 깔린다 나는 아련히 밟고 간다 길에 굴러 부서지고 있는 낙엽들이 갑자기 몰려다니며 깔깔댔다 무슨 일이 일어났나?, 낙엽 하나를 주워 손바닥에 올려 놓고 눈 맞추어 "어머니!"하고 한 번 불러본다 아득히 흔들리고 있는 눈빛, 날 바라보고 있는 이 눈빛은 누구인가 순이? 어머니? 알 수 없고 낙엽만 아련하다

아련하다 아련하다 허공에 다시 컬러링이 울리고 올려다보는 낙엽이 흩뿌려서 휘날린다

모자

모자를 쓴다 세모細毛의 검은 가죽이다 썰렁할 때 겨울이 싫다 이 검은 가죽이 아침 거울 속에 있고 <썰렁>을 덮는다

쓰는 게 입는 것이고, 나는 거울 속에 비치는 넥타이의 첫눈 무늬를 만진다 바바리코트를 입고 바짝 깃을 세운다 오늘은 더 춥다 추위를 타는 건 소음인少陰人이란다 이쁜 한의사의 말, 그가 거울 속에 잠깐 나타나서 쓱 내 카드를 긋는다

이 아침, 나는 <썰렁>이 싫다 거울 속에 검은 모자가 있고 첫눈 무늬가 있고 여의사가 있고 카드에서 숫자들이 빠져나간다 숫자를 알게 된 나이, 숫자가 빠져 나가는 게 싫다

나는 모자를 쓰고 12월의 마지막 숫자들이 빠져 나가고 있다

구두끈을 죄다

구두끈을 잡아 죄다가
발밑 늘어진 길을 잡아당긴다
집 앞에서 승차장까지
팽팽히 빙판길이 당겨진다
그때, 샛노란 색깔의 낙엽
은행잎이 흩뿌려지고
골목은 어른어른 시점이 흐려진다
사람들이 흐르고 있는 아침
길은 집을 축으로 도는
컨베이어벨트,
총총 걸어 흘러내리는 행인
서넛 승차장에 도착한다
차를 기다리고 있는 동안
출근길의 은행잎을 밟고
끈을 죄여 신고 있는 구두
휘어져 흐르고 있는 길
보이지 않는 앞을 내다본다

투명한 꿈

눈이 오는 투명한 꿈을 꾼다 호산은 일제 때에 호남의 동학東學 선생(사적으로 백부가 된다), 어머니는 제자? 도방을 늘 깨끗이 닦던 도반道伴이다 호산이 죽고 흰옷 입은 어머니가 죽는다 내가 울며 펑펑 흰 눈을 쏟는다(꿈속의 천재 '반도이귀자'*는 아직도 검은 학생복을 입고 있다)

눈이 오려나, 투명한 내 꿈이 계속 이어진다 퇴근길에 막차를 타고 가며 전철에서 만난 검은 옷을 입은 L, 그의 시가 일년 반 동안 나한테 죽도록 욕을 얻어먹었단다 <미워 마라>고 한다

욕이 아니라 <분노다> 분노였나? 그가 책 속의 시를 썼음으로 책 속에 있는 말을 줄줄 외웠으므로 나는 계속 투명한 꿈만을 꾸고 있다 쉬자, 연이어 쓰는 열세 번째 시가 무섭다 전철을 연신내역에서 내리지 못해 원당까지 흐른다

* 반도이귀자 : 도를 배반한 사람

하얀 봄

이른 아침 티 없이 하얀 봄 속으로, 내가 모자를 쓰고 구두를 신고 집에서 뚜벅뚜벅 걸어 나간다 글을 쓰다가 책상 위에 놓고 나간 봄의 A4 하얀 종이 위엔 내 작은 키의 그림자가 흔들린다 어제 밤에 늦게까지 시를 말하며 마신 커피, 그 붉은 눈을 뜨고 있는 카페인이 잠을 설쳐놓아서 몽롱한 배경이 깔려 있다 엎지른 물도 얼룩을 남기고 있다 내가 승차장에서 전철을 기다리고 있는 하얀 봄, 교향악이 울려 퍼지자 반짝하고 파랗게 보리밭이 떠오른다

껍데기가 흐르는 한강

낯선 얼굴이 머리맡에 와
찰싹이고 보채 웅얼거리고 있다
그에게 묻는다, 네가 누구지
껍데기다, 그가 대답한다
껍데기? 깜박이는 녀석을 본다
이삼년 전이다 한강북로
내가 차를 타고 빨리 흐르고
그때 창에 얼씬거린 녀석
한겨울 잎 지지 않고 사운거린
가지를 늘어뜨린 푸른 버들
아닌가, 며칠 전이다, 청계천
내가 십리 길에 징검다리를 건너
달보다 더 유연히 흘러가면
그때 어데 고향 하늘에 기대
아리 아리랑 일렁인 녀석
머리에 고깔을 나부끼는 물억새
아닌가, 간밤의 하얀 기표들
강으로 머리를 디밀어
껍데기가 흐르고 있다

아버지의 껍데기
―기표에 대한 소고

'껍데기가 왔다' 손자를 껴안으며 하던 아버지의 말, 아버지가 돌아가시고 껍데기를 묻고 그때 껍데기를 보았다 아버지의 껍데기는 나, 나의 껍데기는 아들, 아들의 껍데기는 손자, 손자 손자의 껍데기의 껍데기로, 사람들은 이어가는 알맹이 무얼 남기고 있다 껍데기가 왔다가 껍데기가 간다

하얀 누드

컬러 화면의 하단에
'폭설!' 속보 자막이 뜬다
아슬 아슬 노출된 누드를 가리어
흰 눈이 바로 내 앞의
'아슬 아슬'를 덮는다
컬러 꿈속까지 계속 눈이 내리고
아침에 문을 열자
싹 컬러들이 지워진다
폭설이 계속 하얀 누드를 덮고
또 덮고 있다
내 꿈과 아침의 경계를 덮고
주차장과 마당을 가로 질러 막아 놓은
울타리를 덮고 울타리 위에
장미덩굴을 덮어 선을 뭉개고
뒷골목의 주차선도 뭉개고
주차 시비하는 고성을 덮고
내 시에 폭설이 내린다
활자들이 지워지고
하얀 누드의 텅 빈 아침이다

빙판

행간이 빙판을 벌인다 미끈 미끈거리고 나의 출근하는 언어가 '쫄랑쫄랑'인다(나는 이런 부사副詞다 키나 몸이 하는 것이 그러하다) 오늘 일찍 출근하여 동전銅錢 껍데기의 푸른 詩를 쓰고 싶다 주머니 속의 동전 서넛을 만지작거리고 얼토당토하지 않은 껍데기 누드를 연상하고 '쫄랑쫄랑'이다 미끈 미끄러졌다 그때 결정적으로 미끈 미끄러진 건 '요게 몇 년 됐을까?' 그 누드 동전의 주조鑄造 연도를 궁금히 생각하다 쓸 데 없는 껍데기의 생각을 끄집어내고 주머니 속의 동전을 끄집어내고 '쫄랑쫄랑'이다 미끈 미끄러졌다

숲 이야기

東山*이 나를 쳐다본다 숲의 이야기와 삼겹살을 놓고 지글지글 된장찌개를 끓인다 잎이 지고 난 東山 그 이름에 겨울의 숲이 보이고 쭉쭉 선 나무가 보이고 나무 사이에 붉은 아침 해가 뜨고 있다 그는 투명한 공간이다

숲이 된장찌개에서 지글지글 끓는다 東山의 투명한 공간에 세 발짝씩 걸어가며 불리는 이름들이 있다 내 몸 '솔아' 내 몸 '잣아' 내 몸 '상수리야' 부르는 이름들이 일제히 나를 바라본다(해월*을 좋아한다는 그가 부르는 솔, 잣, 상수리가 내 몸일까?) 지금 東山이 겨울 속으로 깊이 들어가고 있다 잎 뚝뚝 지는 西山이 보이고 늦은 밤이 오고 숲의 별이 오고 반짝이는 눈의 해월이 나를 바라보고 있다

* 東山 : 숲 해설가
* 해월 : 동학 2세교조

하늘 때리기

이 겨울은 '사락사락'
북풍이 인동덩굴에 와 때리고
내 귀때기에 와 때리고
'분다'는 말을 때린다 한다
이 겨울은 헤드라인 서체
배아줄기세포의 소식을
지면에 때린다 모니터에 때린다
'알린다'는 말을 때린다 한다
이 겨울은 점심을 때린다
학교에서 시험을 때린다
유난히 '때린다'고 한다
이 겨울은 하늘까지 때리기
철새들이 씨울씨울 때린다
겨울 껍데기들

3

약수터에서 수운水雲*을 만난다

가다가 배낭을 벗어 놓고
물소리도 벗어 놓고
수운을 만난다
잠깐 앉으니 뻥 뚫린 마음의
티 없이 파란 하늘
새순이 돋고 바람이 돋고
반짝반짝 잎이 흔든다
새잎 피는 소리가 수천의 말言
햇빛 반짝, 슬픔이라든가
달빛 반짝, 이슬이라든가
그러한 비릿한 소리를 쏟는다
바람이 가냘픈 짐승 되어 분다
가다가 서는 저 소나무

* 水雲 : 동학교조, 최제우

꽃진 자리

그래 저만치에 내 거울이겠다

봄은 회색 산수화山水畵이려니
개나리가 눈을 망울망울 떠서
여백에 늘어뜨려서, 휘어서
꽃자리를 만들더니

그래 이만치에 내 거울이겠다

봄은 또 빠른 초침을 놓고 간다
내가 무심히 밀쳐놓았던 풍경
인제 산을 보는 마음의 가장자리
꽃 진 자리에 뚝 뚝 새가 앉는다

동영상 '풀벌레'

스스로 때가 있고 스스로
꽃들이 깨어나서
일제히 머리를 치켜들고 가느다랗게
숨을 한 번 쉬고 나서, 몸을 일으킨다
이 때 배경은 순수의
하얀 백지이다
새벽녘 소나무 사이에 끼인 달
열사흘쯤의 나이 환한
달빛에 이슬이 흔들리고 있다
동영상 '풀벌레' 한 마리
하늘이 하늘을 먹고* 상처 하나가 기어가고
빠른 초침 하나가 뛰어간다
콩당콩당 내 심장의
꽃을 넘어 오는 소리가 있다

* 以天食天 : 하늘이 하늘을 먹는다

꽃단층

이제 남은 일, 하나 되어
꽃이 흙의 직유와 만나는 일
그 날, 울음이 꽃이 되어
딸랑딸랑 요령을 흔들고
산비탈에 이르렀다
눈물 반짝이는 삽날로 찍어
흙을 파올리어 파올린다
한恨일까 꽃같이
입을 여는 묘혈
울음 와르르 몰려가 쏟아붓는다
그 날, 우리 하나 되어 바람 되어
어깨를 흔들어 밟고 밟는다
꽃이 단층을 만든다

초서草書

있지 있지 싶더니 기척이 있다
아침에 기침하듯
고향에 온 밤 북새가 뒤척이며
시누대를 흔들어서 쑥대머리
신神내림이라도 있을까 싶더니
잉잉 우는 주문 소리라도 들릴까 싶더니
그래 있지 있지 싶더니 이른 아침
만석보* 앞산 어머니의 이쁜 봉분
백지 같은 눈이 내렸다
기침하듯 흔적일까
무덤가에 흩어 논 마른 띠풀잎들로
어머니가 눈 위에 흘려 써 논 초서草書
산새가 그 위에다가 쫑쫑쫑
졸린 발자국을 찍고 갔다

* 만석보 : 고부군수 조병갑이 막았다는 물막이 보. 이 보의 물세 때문에 동학혁명이 일어났다.

다시 백산白山에 서면

서면, 백산白山!
흰 도포를 입고 서면 산이 하얗게 되어
백산*이라 했다
앉으면, 죽산竹山!
죽창을 세우고 앉으면 산이 죽림이 되어
죽산이라 했다
서면 백산, 앉으면 죽산에
한 철을 서고 앉는 풀이 운다
부대끼는 바람으로 봄날이 가고 운다
풀이 울어 울음이 흐르는 강
물 소리 뒤집힌 흙탕
누가 이 강이 우는 들녘을 보나
다시 백산에 서면
강변 넘실넘실 풋보리가 선다

* 백산 : 전북 부안 소재. 전봉준이 일으킨 동학혁명의 동학군이 처음 집결한 곳. 동학의 포조직이 기포起包했다.

허공虛空

하관 후 툭! 툭! 툭!
흰 국화를 던지고 있다
이제 꽃을 묻고 더 무엇을 묻으랴
돌아서서 허공에 시선을 멈추고
노란 송화松花 눈물이 어려 있다
없는 뒤에 있는 것*인가
새 한 마리 꼬리깃 쫑긋쫑긋
흔들어서 무슨 시늉을 했다
이제 하늘을 묻고 더 무엇을 묻으랴
솟구쳐 날아가는 새를 따라가다
시선을 멈추고
허공에 구름 몰려 실비 뿌렸다

* 없는 뒤에 있는 것 : 無而後有—'허와 실'

신경외과의 큰 벽거울

그 해 이른 봄 꼼짝 못하고 누워 있는 아내 신경외과 인턴들이 바늘로 콕! 콕! 허벅지며 발가락을 찔러 보고 나서, 고개를 갸웃거리고 나도 따라 고개를 갸웃거리고 창으로 햇살이 내려와서 꽃을 기어가면 내 시선도 따라 기어가고 아주 밝게 발가락을 비추고 있을 때 아, 엄지발가락이 '까닥' 했다 봄은 내내 잔인하다 신경외과의 큰 벽거울은 꽃과 아내에게 꼼짝 못하는 몸을 모두 보여주고 있었다

끈

병상 아래 누워 눈 부비고 있다 잠에 떨어지면 그만 아침까지 곯아떨어지면 어쩌나 아낸 불안처럼 아침 홑이불이 흥건히 오물로 질퍽하다 그 날 내 비위가 메슥하다 슬픔도 메슥하다 메슥할 것이 다 메슥하고 그런 어느 날, 통쾌하기 시작했다 옷 깨끗이 갈아 입히며 통쾌하다 구린내가 된장찌개처럼 구수하다 그런 날 눈을 비비고 있는 밤, 병상의 아래 위 사이 먼 공간이 계속 불안하다 아내와 나 손과 손 끈을 묶어 놓자 편안한 안식이 온다 끌어올리면 잠이 깬다 아내와 나 사이 '인간人間', 내 손 끌어올리는 끈에 안식이 매달려 있다

봉황각鳳凰閣

오늘 손병희 선생을 만나면
초가을 햇살이, 한 노옹老翁이 가리키는 손 끝에 떨고
말이 없다
가리키는 손끝에
아슴아슴한 일필휘지一筆揮之 저 '봉황각' 휘호
홀연 활 활 펄럭이며 내려앉는 기호
우주를 한 바퀴 돌고 날아온 날개를 본다
손병희 선생
그리고 그 제자 21*의 날개

(오영창 홍기억 이정석 이종석 이승우 한태훈 이정점
최주억 한현태 박문화 홍기조 임예환 마인협 박용태
전희순 이채일 정계완 김병태 이병춘 박준승 구창근)

오늘 손병희 선생을 만나면
빈 각閣 위에 뜬 물사발 같은 낮달
맑은 물 푸른 상징이 철철 넘친다

* 제자 21 : 손병희 선생이 독립운동을 목적으로 봉황각을 짓고 맨 먼저 수련시킨 동학두목 21인.

다시 손병희

봉황각에서 다시 손병희
내가 앉아서
눈물 찔끔거리며 외는 21자 주문 소리
다시 우주를 한 바퀴 돌아오고
편액 속에 갇혀서 파닥파닥 날개 친다
(이신환성以身煥性이라 했으니
목숨 바침으로써 도를 완성한다? 암유인가)
밖에서 삭풍이 상수리나무의 입시울소리
씨~이 시~이~천 몇 음절音節
낭자히 깔아 놓고 있다
우수수수, 날개의 상징들이 낙엽진다
눈물 찔끔 주먹으로 문지르고
봉황각에서 다시 손병희
앉아서
'삼일운동'이랑 '민족'이랑
하얀 언어의 날개들이 파닥인다

독립 운동사를 읽다가

서울은 지금 한랭전선
오늘 밤 어둠이 단단하다
시위물결 광화문 거리를 넘쳐나
촛불 눈물
뚝뚝 지고, 독립운동사를 읽다가
나는 어둠이랑
늘상 끈적이는 것 눈물이니 민족이니 그런 말
덩어리로부터 자유롭고 싶어
한 마리 새, 비명을 쏘아 올린다

점점 빠르게 날아가는 새
꿈 속 경계를 지나 꽝, 음속 돌파
단단한 어둠에 찬란한 선을 긋는다
새는 소리를 뒤에 놓고 가고
새는 드디어 울음 덩어리와 떨어져 자유롭고
점점 사이가 멀어져 순수해지고
빛이 되어 까마득히 날아간다
가물가물 촛불
책갈피 사이에 실눈 동이 튼다

200밀리 망원렌즈 속

휴양림 가는 길에 해오라기 한 점이 있다

지금 한낮이 기울은 45°사양 속이다
역내천이* 철~철~철~
상큼이 산소를 쏟아 내린다
냇가에 적송이 제 몸 뒤틀어 올려
한 춤사위의 어깨춤 추겨 올려
가지 끝이 하늘로 삐쳤다, 그 위에

미동도 없다, 해오라기 한 점이 있다

200밀리 망원렌즈 속의 역내천
석양이 철~철~철~ 흘러 내린다
흰 날개 어른어른 물비늘 비치고
입선立禪 중이었을까, 일순 고갤 든다

찰칵! 부서지는 해오라기 한 점이 있다

* 역내천: 강원도 가리산 휴양림에서 내려오는 천

참회문*

참회하는 말 사이로 졸졸 물소리가 끼어든다

천지의 덮고 실어주는 은혜… (졸졸졸)
아직 참에 돌아가는 길을… (졸졸졸)
오랫동안 고해에… (졸졸졸)
이전에 허물을… (졸졸졸)
도를 마음공부에 두어… (졸졸졸)
도장을 깨끗이 하고… (졸졸졸)

졸졸 물소리 따라 마음 흘러가면
환하게 보이는 물돌 사이
피라미 새끼들이 기를 쓰고 거슬러 온다
너럭바위 아래 아이들의 아랫도리가 흔들리고
화들짝 놀라 눈을 뜬다

창문 안으로 들어오는 맞은 편의 산
두어 뼘 하늘이 열리고 첩첩 푸른 가슴의 살결
두 봉우리의 능선이 뭉클 안긴다

* 참회문 : 동학수행을 하며 읽는 참회문

뜨거운 해를 산에 놓고

1

뜨거운 해를 앞산에 놓고
앉아서 눈을 감는다
한나절쯤 지났나, 몸이 가볍다
구름 속 협곡 바위 위로 훌쩍 솟아 올라간다
또 다른 나는 방에 앉아 바위 위를 올려다 본다
갑자기 안개구름이 밀려오고 모습이 캄캄히 잠겨
구름 속이 몹시 궁금해진다
신선이 사는 곳은 어때? 묻자, 대답한다
"지금 바짓가랑이가 젖고 있어"

그때 윙~
파리가 가볍게 내 앞에 날아 내린다

2

뜨거운 해를 뒷산에 놓고
등줄기 흥건히 땀이 흘러내린다
허탈히 또 해가 진다
바위 위를 바라보고 '멍' 앉아 있는데

"딱!" 파리 잡는 소리에
퍼뜩 한 마디 스친다
"몸을 청결히 하라."

눈을 감는다, 도가 일용 행사?
파리가 윙~ 입가에 앉았다가
윙~ 방바닥에 앉는다
앞발을 비비다가 곁눈질로 본다
두 눈이 커다랗게 확대된다

백담사

넌짓 손가락만한 나한 여섯 고 쬐고만 게
문지방 위에 지켜 서 있는 게 뵈고
넌짓 양탄자 한 평 깔린 방에
촉대 2개와 등피 또 그 뭐더라
옆에 지필묵 놓고 선붉은 인주가 뵈고
넌짓 옷걸이에 푸르죽죽 걸린 옷가지와
그 아래 플라스틱 물통 하나
그 곁에 네모 탁자 그 위에 개어 놓은 이불이 뵈고…

'전 대통령이 기거하던 곳입니다'

넌짓넌짓 광주 금남로를 내다보는 백담사
입장료 3,200원
(이 풍물 값이 있다?)

4

소리를 찍는 디카

2월 22일 오전 11시
회룡사 입구, 포즈를 잡은
버들강아지 버들버들 떤다
망울망울 웅크리고 눈뜬다
찬 바람잡이 슬몃 옷 잡아당기고
(누가 귓속에서 속삭인다)
"디카! 모델료? 모델료?"
하얀 눈이 흐르는 개울가
까만 버들가지가 등 떠밀려 나와
고개를 갸웃 젓고 기울인다
버들강아지 솜털에 보드라운 바람
쓰다듬는 손길
봄은 지금 초속 0.1m로 고요하다
손끝 감각에서 찌리 찌리
아득히 전해온다
물이 도는 파란 소리

폭설

징~ 징~ 먼 징 소리가 온다
전봉준이가 오려나 징~ 징~
먼 징 소리가 온다
댓닢 솔잎 눈발이 분~분~
고부 백산白山*이 하이얗다
하얀 옷에 내려 하이얗다
하이얗다 하이얗다
징~ 징~ 먼 징 소리가 온다
창을 여니 문득 와
우두커니 서 있는 나무
폭설이 하—이—얗—다
포르르 참새 한 마리 낮게
솟구쳤다 포물선이 떨어진다

* 백산 : 전봉준이 동학혁명을 일으킨 곳

푸른 가시 짐승

—빈자리*x*

간밤, 회색 담장 '회색'을 헐고 푸른 울타리 '푸른'을 세웠다 반짝이는 인동의 사금파리 '반짝'을 빼고 가시장미 '가시'를 올렸다 갑자기 '푸른가시' 짐승이 나와서 달빛을 갈가리 찢고 온밤을 으르렁댔다 다시 '푸른'을 밀고 가시장미 '가시'를 내리고 비워 둔 빈자리*x*, 아침, 울타리에 구름 한 쪼각 앉아서 쫑긋 꼬리를 들었다가 사라진다

홍조

봄눈이 하얀 백지를 펼쳐 놓고 갔다 그새 밤사이 돋아난 선이 그려져 있다 짐짓 보아, 지난 가을 심어 논 감나무에서 앙상한 내 몸뚱이가 떨고 있다 소복히 내린 하얀 봄을 이고, 아침 홍조가 물든 어머니 가날픈 손이 떤다 이런 선들이 돋아나 그려져 있다 빈 자리x,

어머니 그리고 봄눈...,

진달래 빈 가지에서 까르르 웃음이 굴러내린다 누굴까 잊어버린 얼굴의, 봄 이른 봉오리가 솟아나며, 근질근질한 겨드랑이를 긁어 분홍빛 아련 아련 홍조를 띤다 연신 까르르 웃음이 봉오리 안에서 난다 조금 바위가 키를 넘는 양지쪽으로 돌아나가, 입술이 빨간 계집아이가 살짝 보인다 까르르 웃고 사라진다

제부도 일박

스팟 뉴스의 화면에 해가 뜬다. 포이동*의 노인이 판잣집 문을 민다 떠오르는… 늙수그레한 얼굴, 자-직 방전 현상이 일어났다 어둡다

바다로 향해 난 창을 연다 거울 속에 든 투명한 바다가 보인다 섬… 4개가 출렁이고 있다 저 사이 해가 진다 포이동에서 뜬 해가 제부도에서 진다

간혹 갈매기가 한 줄기 칼날처럼 휙— 어둠을 가르고 나서 빛과 어둠 사이에서 몽롱한 바다가 깜박거리고, 아이가 울고 서있다 출렁이는 늙수그레한 얼굴… 고라실의 해가 긴 춘궁기에 까칠한 손 아버지가 내 머릴 쓰다듬는다

철썩철썩 바다가 더 가까이 울고 있다 포이동의 아이 하나가 싱싱하게 서 있는 거울 저 편 별이 출렁이고 있다

* 포이동 : 서울 강남구 포이동. 쓰레기 하치장이 있는 영세민촌

이상을 만나다

거울, 프리즘, 캄캄한 방에 작은 창문 하나(빛이 잘 들어온다) 어느 곳의 별에선가 오는 빛, 이상이 거울로 빛놀이를 계속하고 있다 방문을 잠궈 놓고 자와 컴퍼스 원시적인 도구들을 들고 *x*, *y*, *z*축 공간에 은싸라기 점을 쏟아 놓다가 유성을 긋다가, "유클리트 기하 광학은 틀렸어!" 탄식하고, 빛의 우주 여행을 떠난다 스펙트럼의 아름다운 선, 우주선을 타고 빨, 주, 노, 초, 파, 남, 보로 무한궤도를 가다가 그러다가 늘 거울 속에 추락한다 그때마다 한 일억 년 전쯤의 빛이 막 도착해서 "나보다 더 늦는 녀석도 있어" 속삭인다 이상이 죽지 않은 시간, 거울과 스펙트럼을 가지고 앉아 누가 빛보다 빠른 발명품으로 만나러 오길 기다린다 "빛보다 빠른 연상"이라든가… 언뜻 어느 우주에선가 "나, 자연이고 싶어" 휴대전화로 목소리가 들려온다

해맞이 첫말

―사물언어를 위한 序

첫말言들이 꽃과 섹스를 시작한다.
오늘
꽃에서 해日, 해에서 바다로 이미지 미끄러지기
유쾌히 말이 미끄러진다.
언어들이 팔팔 뛰는
바다의 수평선에
이쁜 눈썹 같은 민족이란 언어가 기우뚱하다.
(민족시인*이 내 말을 못 알아들어도 어쩔 수 없다)

다시 창가에서 말과 꽃의
고독한 섹스
이미지 미끄러지기, 첫 언어 힘차게
꽃대를 뽑아올리고 있는 제주 한란寒蘭
뚝 뚝 피멍울이 져 버리는 한란寒蘭
순백이 일순간 흔들리면서
오르르르… 전 신경이 떤다. 꽃아
눈썹 같은 달 하나 반짝이며 떨어진다.
천 개 만 개 별들이 쏟아진다.
간밤에 맺힌

이슬 방울 선한 자식들
모어의 첫 언어 아— 아—

* 민족시인 : 고정관념의 시인을 상징.

미당*이 오다

1

관악산 기슭에서
미당의 꿩이 꾸엉 꾸엉 울었다.
그 미당未堂의 운韻을 밟아
내 배고픈 ‘입술 푸른 빼꾸기’*가 울었다.
꿩이랑 이사를 갔나, 홀로
서로 한동안 눈빛이 통하지 않고
저승의 소식이 캄캄하다.
소위 요샛말로 내가, 기氣가
코드가 잘 맞지 않아서일까
북악北岳으로 서재를 옮겨서일까
그 영감 좀 볼 일이 있는데…, 통
감감 무소식이다.

2

— 끼륵
문득 초가을 밤기러기 중천中天에 운다
아마 박석고개를 넘어온다
서울서울 깃 치며 소리가 넘어온다

설픗 잠을 깨어 앉으면
공기는 얇은 살얼음
깨어질 듯 살짝 물상物象들이 어린다
북악 족두리봉에 놓아 두었던 달이
내 어깨 위로 내려와
떠 놓은 물, 그릇이 환히 밝다
새벽, 미당이 오다, 물 속에
늘 '거시기'하며 짓던 표정
그 영감 일렁이더니 실죽 웃고 있다
또 내가 버르장머리없이
불쑥 달덩이를 앞에다 놓고
"배 아들입니다." 하니
운韻을 받는다 "이화월백梨花月白했것다?"

* 미당 : 서정주
* 입술 푸른 뻐꾸기 : 1975년 "시문학"에 등단 완료작품

부드러움의 단상
—접사

비, 비, 파란 신호등이 켜지자, 부드러운 선들이 팔딱팔딱 숨을 쉰다. 에워싸 나를 가둔다. 금시 차다. 단단하다. 날카롭게 날을 세운다. 수직으로 솟으면서 수평으로 퍼지면서 나무들이 솟아오르고, 녹색이 번지고, 빗물이 번지고, 속도가 날을 세운다. 빨간 신호등이 켜지자, 모두 갇혀 버린 빗길, 팔딱팔딱 선들이 곡선을 그리다가 부서져 떨어진다.

흘깃 보는, 조각 허공에서 뿌리는 부스러기 무지개.

밤비

깊은 밤
내 몸은 몇 칼로리의 짐승이
불을 켠다
빗소리가 깊게 깊게
몸 속을 지나가면서 적시고
짐승이 비를 맞고 서 있다
깜박 깜박이는 신경 어디쯤일까
새파란 의식이 불을 켜고 선
키 큰 미루나무가 선
밤비 속
짐승, 환하게 떠올랐다 캄캄하고
바람 몇 칼로리의 그리움
미루나무 이파리들을 흔든다

경운동 88번지로 간다
—염사

461120－1067××× 吳鎭賢

2002년 12월 29일 57세로 살아 있음

빨간 신호등이 켜졌다가 파란 신호등이 켜졌다 뇌세포의 신경체계가 잘 유지된다 오늘 경운동 88번지에 도착할 시간 10분 남았고, 잠깐 내 모습의 환영, 팔순 노구가 앞을 멈칫멈칫 가다가 쉰다

말없이 손을 내밀어 잡는다 이때 번쩍 뇌세포에 녹화된 화면이 켜진다 2002년 12월 24일 밤, 행렬이 거리를 넘친다 징그러 징그러 노랫소리 질펀하고 한 목사가 하늘에서 돈뭉치를 뿌린다 파란 만원짜리 지폐들 낙엽처럼 날리고 한 무리 병들고 나약한 노구들이 돈을 향해 허우적허우적 아우성친다

띵—, 붉은 등이 켜진다 다시 '복제인간 아기 탄생!' 화면이 겹친다 몸이 떨린다 쾅! 쾅! 쾅! 맥박이 가슴 친다 숨이 가빠지고 정신이 없다 인내천 인내천 소리치고 숨을 고르면서 경운동 88번지*로 가는 탈출구를 찾는다 쏴아— 싸늘한 바람

번쩍 ⑤번 출구의 표시등이 켜졌다 침략으로 점멸하기 시작하는 신호, → ⑤번 출구 <⑤수운회관이 깜박 ⑤수협중앙회로 바뀌었다가 깜박 ⑤수운회관으로 바뀌었다가 깜빡 ⑤아랍문화원으로> 바뀐다

시련의 점멸하는 이름 동학 수운, 화살표를 바라보며 내 신호체계가 경운동 88번지로 간다

* 경운동 88번지 : 개벽사가 있던 곳. 독립운동의 중심지였던 천도교 건물이 있다.

느닷없이 까악 우는 화살표

경복궁의 선들이 살아난다
근정전의 돌계단에 새긴
인동 당초무늬
백성을 뜻한다?
백성 그 질기고 무성한 인동의 덩굴이
그리 계단을 받들어 올렸을까
어찌 보면 몽롱한 내 시선
무럭무럭 일어나는 천상에 구름
弓궁 弓궁 乙을 乙을*
꿈틀거리어서
지상천국인 듯 싶다만,
느닷없이 까악 우는 화살표 하나
살얼음판 하늘을 날아갔다.
'명성황후 시해 장소'로 가는 길
인동 당초무늬 위로 스친
삭풍 소매끝을 잡아끈다.

* 궁궁을을 : 궁을기. 동학 천도교의 기

어느 봄날

허공에 한 파동이 일자 바람이 태어난다.
바람에 한 파동이 일자 꽃이 태어난다.
꽃에 한 파동이 일자 나비가 태어난다.

어. 우. 러. 지. 는. 바. 람. 꽃. 나. 비

무시로 죽음의 파동이 가슴친다.
막 예순 나이에 간 사촌형의 관에
못치는 소리 탕, 탕, 탕, …
여의도 의사당에서 봉 치는 소리
탕, 탕, 탕

동풍東風 불면

동풍東風* 불면 쓸린다 ! ! ! ! ! ! ! ! ! ! ! ! ! ! !
동東에서 서西로 쓸려 ! ! ! ! ! ! ! ! ! ! ! ! ! ! !
비가 내린다 눈물이 쓸려 ! ! ! ! ! ! ! ! ! ! ! ! !
— 하늘 비스듬히 선을 긋는다 ! ! ! ! ! ! ! !
동풍 불면 쓸린다 ! ! ! ! ! ! ! ! ! ! ! ! ! ! ! ! !
동에서 서로 쓸려 ! ! ! ! ! ! ! ! ! ! ! ! ! ! ! ! !
풀이 눕는다 눈물이 쓸려 ! ! ! ! ! ! ! ! ! ! ! ! !
— 땅 비스듬히 선을 긋는다 ! ! ! ! ! ! ! ! !
동풍 불면 !
비가 내리긋는 삐침(ノ)으로 ! ! ! ! ! ! ! ! ! ! ! !
풀이 일어서는 받침(乀)으로 ! ! ! ! ! ! ! ! ! ! ! !
그려 내는 사람 人人人人人人人人人人人人人人
나는 나를 만난다 人人人人人人人人人人人人人

* 東風: 1.春風 2.동풍' 즉 동학의 바람을 암유한다

나팔꽃 소리가 핀다

한 가닥 새순 리듬이 날아간다
아침 하늘을 향하면
허무虛無가 한껏 펼쳐지고
쏟아지는 빛살을 향해 머리를 치켜
푸른 뱀처럼 모가지를
흔들고 두리번거리다가
정확히, 타고 오를 선線을 잡는다
나풀나풀 날아가는
한 가닥의 리듬,
시계가 도는 반대 방향으로 올라가서
더 높고 더 아찔한
감당할 수 없는 자리
몸이 떠는, 나팔꽃 소리가 핀다.

작은 하늘

아파트 사이로 빼꼼히 난
내 삶의 빈 터
작은 하늘 흰 눈을 우두커니 바라본다
틀 안에 가둬 논 수천 수만의
날개인 듯 한바탕 군무가 지난다
정오는 은박지다 고요로운 여백餘白이다
불현듯 그리워진다, 어머니
은빛 부서지는 맑은 물
그 청수淸水 물사발에 고이던 작은 하늘
물 소리 달 소리 별 소리
먼 여백에 어머니 얼비치고,
사람들이 빨리빨리 지나가는
내 삶의 빈 터
숨죽인 듯 싶더니 바람 스스스
나뭇가지 손그물에 걸린 흰 눈이 떤다.

합포*

길은 바다로 나 있다
나는 길 속으로 빠져 간다
부두에서 점! 멸!
검푸른 내 눈빛이 반짝
붉은 내 눈빛이 반짝
온 바닷속을 들여다본다
수평면에 끼여 있는 몇 개의 섬
이제 마악 거대한 제 몸을 가라앉히고
뽀글뽀글 잠을 떠올리는 바다
파란 숨을 내쉰다
섬 주위에서 떠도는 리듬
끼륵~ 끼륵~
가고파라 가고파라

* 합포: 마산에 있는 포구. 가고파의 작가 노산의 고향

산행

북한산, 비가 오락가락, 찜통 더위 속, 땀을 흘리고 확 터진 능선에 올랐다 앞에 서 있는 봉우리들 엷은 구름이 그림이다 주저앉아 상상하며 가슴쯤 산의 옷을 벗기면서, '비밀한 엷은 비단을 밀어올려서 어쩌려고 어쩌려고' 이렇게 詩에 빠져들고 있는데 한 시인이 '계곡에서 피워올리는 연기 같다'한다 나는 내색을 못하고 '찬 바람이 밀어 올리는 기류입니다'하고 이성理性을 말했다 그 때 지나가는 등산객이 '내가 리모콘으로 움직이는 거야' 했다 멍! 모두 몽둥이로 한 대씩 맞은 기분이었다

이 날 산행은 흰수염을 휘날리고
아슬히 바윗서리에 걸터앉은 내가
희죽이 웃으며, 리모콘으로 끌어올리고 있다.
비밀한 엷은 비단을 밀어 올려,

단풍, 재채기하다

한참 예를 올리는 갑다
북악은 남남 북녀가 울긋불긋
향을 피우는
향로봉 예탁禮卓을 가운데 놓고
사모관대紗帽冠帶 차려입은 사모봉과
원삼 족두리 얹은 족두리봉이
서로 마주하고 서서 본다
파란 하늘이 둥둥 북을 울릴 듯 싶다
사람들이 개미 떼처럼 기어올라
목덜미에 달라붙기도 하고
콧등에도 서고 귓구멍에도 들어가
근질근질하다, 북악北岳
에이취! 재채기를 쏟아 낸다
입술이 빨간 상수리나무가
시끌시끌 떠들고 있다

껍데기론

〔 들어가며 〕

언어는 살아 있는 것이고 생노병사가 있는 것이고 그것이 의미를 담고 다니고 의미는 무상하고 껍데기가 흐른다.

이런 화두를 가지고 시작한 '언어의 껍데기론'의 시는 필자가 지난 2000년부터 실험하고 있는 것. 이 시를 2006년 4월부터 7월까지 사이버 공간의 블록에 올리고 간단한 '시詩 들여다보기'를 통해서 실험의 이해를 돕고 시류동인詩流同人들로부터 덧글로 질문과 의견을 들었다. 그래서 덧글로 질문해 온 '백남준의 아방가르드'와 신동엽의 작품 「껍데기는 가라」에 대해 간략히 개괄하였던 바 있다. 신동엽의 '껍데기'라는 말은 언어철학적 체계를 가지지 않는다. 단순한 상징적인 의미의 이데올로기의 껍데기이다. 이와 비교되는 '언어의 껍데기론'은 언어철학적 논리를 전개하며 아방가르드의 탈-관념 시쓰기를 실험하고 있다. 물론 여기에서 관념이 뒤섞이는 즉 변용되는 여러 형식의 시쓰기를 실험한다.

■ 껍데기론 / 신부

「신부」에서 시작하는 '껍데기'는 딸을 시집보내고 늦은 밤 홀로 잠들지 못하는 아버지가 디지털 카메라로 담아 온 사진들을 보며 쓴 시다. 시인의 '흔들린다'는 언어와 '껍데기'라는 언어가 만나고 있다. 「신부」는 두 언어가 만들어 가고 있는 '껍데기론'이다.

모니터에 신부가 흔들리고 있다
작은 딸아이가 디지털로 담아 왔다
잠이 안 오는 밤
큰 딸아이가 사뿐히 걸어와 앉아 있다
어데서 나타났을까, 저 신부
딸아이는 없어지고 아주 낯이 설게
신부가 흔들리고 있다
딸과 낯선 신부 사이에
딸이 없어진 껍데기만 홀로 남은 나
흔들리며 모니터를 보고 있다
대추씨 같은 이마를 형광 불빛에 반짝이며
자꾸 흔들리고 있다
껍데기는 아버지의 말
대추씨는 미당이 내게 한 말
껍데기든 대추씨든 간에 잠이 안 오는 밤
모니터를 보아도 보아도
딸아이는 없고 신부만 있다
얌전히 웨딩드레스를 입고 있다

—「신부」/ (2005. 12. 20)

〔 시 들여다보기 〕

신부대기실에서 보았을 지도 모르는 흔들림, 모니터 속에서의 흔들림, 시인이 밤을 세우고 있는 흔들림이 있다. 특히 시인의 흔들림은 <딸>과 낯이 설은 <신부>라는 언어 사이에 있다. 딸이 신부가 되어 나타난 뒤 인식한 두 언어인 딸과 신부 사이에는 한 30여 년의 세월이 있고 눈물, 웃음 등 시인이 살아온 딸과의 삶이 있다. 어느덧 한생이 다 가버렸고 남은 건 노후의 껍데기의 인식이다.

■ **껍데기론 / 예술은 사기다**

[덧글]의 질문

백남준이 "예술은 사기다"라고 했는데 이 말이 표현하고 있는 진정성은 무엇이라고 생각합니까?

백남준의 타계 이후, 백남준의 예술과 그의 일생이 다시 조명되면서 "예술은 사기다"라는 말이 화두가 되어 있습니다. 나는 아방가르디스트인 백남준의 예술세계를 동경하였고 <탈관념의 Showing>이란 나의 창작시론에서 그의 작품을 인용하기도 했습니다. 그가 "예술은 사기다"라고 한 말을 일반적(국어사전적)인 지식만 가지고 이해하게 되면 큰 혼란을 일으키게 됩니다. 특히 일반인, 예술에 대한 이해가 없는 독자는 이 말에 대한 그의 진정성眞情性을 알기 어렵습니다.

여기서 말(언어 표현)의 속성을 알아볼 필요가 있습니다. 언어에는 <표현된 관념적인 것>과 그 <표현 이전의 바탕>을 가지고 있습니다. 이것을 편의상 <빙산氷山>으로 비유하여, 물 위로 드러나 있는 부분을 고정관념적인 것으로 보고 그 밑에 잠겨 있는 것을 표현 이전의 바탕으로 보면 이해에 도움이 됩니다. 국어 사전적인 뜻은 빙산의 윗부분으로 비유할 수 있고 고정관념이라고도 합니다.

예술 세계의 언어는, 특히 시어는 고정관념을 깬 다층의 의미를 가지며 빙산의 밑 부분의 언어 표현으로 비유할 수 있습니다. 이러한 언어 표현은 화자의 진정성을 확인하고 이해해야 합니다.

국어사전적인 뜻으로 보면 <사기>란 말은 남을 거짓으로 속이는 것이며 <부정적인 생각>을 가지고 하는 말입니다. 그런데 백남준 말의 진정성을 살펴보면, 예술에 전 생애를 바친 그는 예술에 대해 '긍정적인 생각'을 바탕에 두고 있습니다. 그러므로 예술에 대한 부정이 아니라는 것을 먼저 이해하고 나서 보면, <상상의 실제가 아닌 허구성을 가지고 있는 예술>의 본질적인 속성을 말하고 있다는 것을 알 수 있습니다. 네티즌들의 이해를 돕기 위하여 하나의 비유를 더 들면 마술의 <트릭>을 들 수 있습니다. 그것은 분명히 속이고 있는 것으로서 <사기>라고 말할 수 있습니다. 그런데 그것은 <유희를 전제로 한 긍정적인 트릭>으로서 유쾌한 트릭입니다. 예술을 마술에 비유하는 것은 적당치 않지만, 유희의 속성을 같이하고 있어서 예로 들었습니다. 그러나 <예술을 마술>이라고 하면 예술의 의미와 가치가 왜곡될 수 있습니다.

백남준은 그의 예술을 유쾌한 트릭(사기)이란 말로 독자에게 접근하고 있는 것 같습니다. 아방가르디스트 다운 멋진 어록으로 남을 것입니다.

■ **껍데기론 / 신동엽의 「껍데기는 가라」**

[덧글]의 질문

신동엽 시인의 껍데기론과 오남구 시인의 껍데기의 인식은 어떤 차이가 있는지요?

신동엽의 「껍데기는 가라」는 1967년의 『52人詩集』에 발표된 시이며, 당시 정권에 저항한 참여시로 목적성이 강하게 나타난다. 예술성 보다는 현실에 참여하여, 남북 화해와 평화를 호소하고 있다. 여기에서 "쇠붙이는 가라", "껍데기는 가라"고 하는데, <껍데기>라는 말이 어떤 언어철학적 체계를 가지고 나타나지 않는다. 그렇기 때문에 이 시에서 <껍데기론>으로까지 발전시켜 말하기 어렵다.

껍데기는 가라.
4월도 알맹이만 남고
껍데기는 가라.

껍데기는 가라.
東學年 곰나루의, 그 아우성만 남고
껍데기는 가라.

그리하여, 다시
껍데기는 가라.
이곳에선, 두 가슴과 그곳까지 내 논
아사달 아사녀가
中立의 초래청 앞에 서서
부그럼 빛내며
맞절할지니

껍데기는 가라.

한라에서 백두까지
향그러운 흙가슴만 남고
그, 모으든 쇠붙이는 가라.

—「껍데기는 가라」 / 신동엽

이 詩에서 '껍데기'는 사전적인 관념어로 '껍데기 / 알맹이'라는 이분법적 대립 구조를 이루고 있으며, 단순히 '알맹이가 없는 껍데기'를 의미하고 있다. 그리고 껍데기의 대립적인 알맹이로서 4월, 동학년 곰나루의 그 아우성, 향그러운 흙가슴을 말하고 있다.

4月은 4.19민주혁명을 東學年은 동학혁명을 뜻한다. 여기에서 4월도 알맹이만, 동하년 곰나루의, 그 아우성만 남고 '껍데기는 가라'고 한다. 그래서 4.19혁명과 동학혁명의 '아우성이 상징하는 정신'그 본질을 알맹이로 본다면, 껍데기는 그 위정자들을 상징하게 된다. 그래서 이 시는 화두에서부터 '위정자들은 물러나라' 외치고 있다.

그리하여, 민주정신과 동학사상으로 이루어진 '이곳'에 천국이 이루어져서, 아사달과 아사녀가 지순한 사랑으로 左도 右도 없는 中立의 초래청에서 맞절할 것이니, 위정자 '껍데기는 가라'고 외친다. 그래서 한라에서 백두까지 전쟁이 없고 이데올로기가 없이, 인간의 시기질투로 오염된 가슴이 아닌 순수 무구한 향그러운 흙가슴만 남고 전쟁의 '쇠붙이는 물러가라' 외친다. 이 詩는 남북 화해와 평화를 호소하는 이데올로기를 다룬 참여시로 그 목적성이 강하게 나타나고 있다.

신동엽의 시에 나타나고 있는 '껍데기'는 현실 참여의 '이데올로

기의 껍데기'이다. 그런데 탈관념의 시에서 나타나고 있는 '껍데기'는 앞에서 예시한 작품 「신부」에서 보듯이 직관을 통하여 보는 자아의 껍데기이다. 그래서 단순한 <알맹이 / 껍데기>라는 이분법적 구조의 관념어가 아니라, 몇 작품에 걸쳐서 일원론의 동양 사상을 바탕으로 한 언어철학적 체계를 가지고 나타난다.

■ **껍데기론 / 눈총**

비가 가로수를 적시고 있다. 초저녁부터 오기 시작한 비다. 잠속까지 줄기차게 와서 새벽에 깨어나 몇 분간을 조용히 앉아 있으니 온 몸이 젖은 느낌이다. 핑크 진달래가 피었다가 졌고 영산홍 철쭉이 현관 앞에 뜨겁게 꽃불을 피워서 제 몸을 다 살라 버릴 듯 한데, 황사가 많이 오고 비가 많이 오니 을씨년스럽게 추워서 봄인 것 같지 않은 봄이 가고 있다.

나의 '사물과 눈맞추기'는 이렇게 일상의 삶 속에 있다. 일상적인 삶 속에서 반복하여 느끼고 인식된 굳어버린 생각을 깨트리고, 언어로 표현되는 관념(고정관념) 이전의 사물과의 만남이다. 이러한 '시쓰기'는 『딸아 시를 말하자』(2000, 다층)에서 발간한 시집에서 본격적으로 실험하게 된다. 다음의 시는 '눈총'이다. 탈-관념을 해야 되는 껍데기이다.

가로수를 향해서
눈총을 준다.
순간 비유로 선 가로수.
마음 속에서는 화살을 생각한다.
푸드득 푸드득 날기 시작하는

푸른 날개들의 큰 새를 사냥한다.
그러나 화살에 맞는 것은
늘상 죽어 버린 껍데기.
아무리 흔들어 보아도
꿈쩍 않는 껍데기.
그가 머리맡에 와서 나를
기웃거리고 있을 때에
눈이 번쩍 맞아서
비로소 사랑이 된다.

—「눈총」 / (2000. 4.)

〔 시 들여다 보기 〕

탈관념을 실험하면서 느낀 껍데기이다. '사물과 눈 맞추기'를 하여 사물에 의도적으로 다가서보지만 꿈쩍 않는 껍데기다. 오랜 동안 정심하자, 사물이 움직여 주기 시작한다. 이렇게 사물이 나에게 다가 오는 것은 사물과 내가 하나에 이른 '물아일체物我一體'가 되었을 때에 가능하다.

■ **껍데기론 / 하늘 때리기**

보고 듣는 것, 껍데기(형상)만 보이고 껍데기(소리)만 들리고 껍데기만 안다. 고정관념의 단단한 껍데기에 가린 본질은 알기 어렵다. 본질은 굳어있지 않고 살아서 움직인다. 씨가 싹 틀 때에, 즉 본질의 움직임을 느낄 때에 그 본질의 존재를 본다.

지난해 겨울은 줄기세포의 문제로 온 세상이 떠들썩했다. 그 중심에 방송이 있었고 신문이 있었고, 그리고 슬픈 우리의 모습이 있었다. 시인은 이런 세상을 포착하여 '때린다'는 언어로써 절망스런 마음과 그 슬픔을 표현하는데, 언어철학적인 시각에서 본 '때린다'는 말의 동일한 기표(껍데기)가 반복적으로 서술되고, 그때마다 움직이는 새로운 의미가 표출되어 풍자적인 세상이 적나라하게 노출된다.

이 겨울은 '사락사락'
북풍이 인동덩굴에 와 때리고
내 귀때기에 와 때리고
'분다'는 말을 때린다 한다
이 겨울은 헤드라인 서체
배아줄기세포의 소식을
지면에 때린다 모니터에 때린다
'알린다'는 말을 때린다 한다
이 겨울은 점심을 때린다
학교에서 시험을 때린다
유난히 '때린다'고 한다
이 겨울은 하늘까지 때리기
철새들이 씨울씨울 때린다
겨울 껍데기들

—「하늘 때리기」/ (2005. 12. 8)

〔 시 들여다 보기 〕

[펌2] 퍼온 글입니다. 미국교포가 쓰셨는데 미국 교포들이 줄기세포 사건을 바라보는 시각이 써 있습니다. 스크랩 복사해서 다른 유명한 게시

판에 널리 퍼트려 주시면 정말 감사하겠습니다.

저는 미국 교포인데요.
노성일 씨는 성조기 앞에서 충성을 맹세하고
시민권을 딴 미국인인 걸 왜 언론은 숨기고 있나요?
(※위의 글은 인터넷에서 그대로 옮겨 논 것이다.)

겨울 껍데기, 봄이 오면 새 생명의 싹이 트고 껍데기가 터진다. 그러나 얼음덩이 같다. 지금은…,

이러한 껍데기의 상징과 함께 '때린다'는 의미가 미끄러지며 시를 이끌어간다. 껍데기인 기표에는 의미(기의)가 있고, 그 의미가 미끄러지고 있다. '때린다'는 말의 소리가 '분다' '알린다' '먹는다' '치른다'로 전달되며, 시인의 느끼고 있는 감정과 그 진정성이 강하게 표출된다.

■ 껍데기론 / 시 당의설糖衣說

당의糖衣, 즉 약의 표면을 달게 옷을 입힌 껍데기. 이 껍데기는 본질을 감싸고 있는 달콤한 관념을 만든다. 이렇게 실제로 쓴 약을 달게 인식시킨 당의는 무엇인가? 시의 기교이다. 이러한 기교주의적인 시는 본질을 감춘다.

비가 오고 있다
사랑사랑 블로그 속에서 오는 비
아웃-풋 출력모드를 클릭하자
하얗게 펼쳐 놓은 종이 위에서 뛰고 있다

처음 뛰며 그려낸 그림, 가방의 약
쓰지 않고 단 약, 그건 사탕 또는 시
에워싸고 있는 당의糖衣의 불
달아오르는 가슴 6월 장미가 한창 피면
그 약이 사랑의 마약일 수 있고
울타리에 넘치는 눈부신 빛일 수 있고
비껴 긋는 글씨의 기호학일 수 있다
비가 오고 있다, 블로그를 촉촉이 지나
—누구 문향의 가방을 뒤지고 있다
심심할 때 프로필을 읽고 가방의 약 먹고
컴퓨터 속 기어다닌 선 수많은 발자국
걸어 나와 종이 위에 찍히고 있다
다시 비가 오고 있다, 사랑사랑

—「시 당의설」/ (2006.6.21)

〔 시 들여다 보기 〕

가방을 열고 꺼내 먹는 알약은 당의를 먹는 것이며 시의 기교를 먹는 것이며 본질을 먹는 것이다. 그런데 알약의 의미는 먹는 행위에 의해서 각기 의미가 만들어진다. 치료될 수도 있고 그렇지 않을 수도 있다. 즉 독자의 읽기에 따라 의미가 만들어지는 수용미학의 텍스트(시)와 같다.

그러한 시는 본질의 에너지(불)을 안에 품고 있어서 달아오르는 6월의 장미로 피어오르기도 하고, 그래서 그 약은 사랑의 마약일 수 있고 눈부신 빛인 에너지의 분출일 수 있다. 뿐만 아니라 존재의 행위로 온몸으로 표현하는 기호이다. 여기서 비는 시인이고 그의 수사학이고 종이 위에 텍스트를 완성한다.

■ **껍데기론 / 내 안에 꽃이 있다**

내가 여미지 식물원의 유리방 안으로 들어갔다. 무수한 꽃이 있다. 이렇듯이 꽃들이 피어 아름다운 것은, 내 안에 꽃이 있기 때문인가? 껍데기는 체體인가 그 체에는 안用이 있는가

1.

500명 아이 젖을 주듯
제주의 여자 여미지가
큰 유리방을 꺼내놓고 있다
내 안에 꽃이 있다, 이 말
한 개를 가지고
아내의 휠체어를 밀면서
여미지 유리방 안으로 들어간다
물가에 가면 내 얼굴이 비치고
어느 블록 외진 곳 머물러도
유리방 안의 꽃이 마주한다
수시로 물방울 하나가 떨어진다
파문이 일렁이다 가만히 흘러
맑은 동공까지 가서 번쩍번쩍
눈썹 가에서 꽃들이 진다

2.

아름답다 아름답다

말들이 쌓이고 있는 돌탑 앞
잠시 멈추어 돌 한 개를 집어
꼭대기에 올려놓는다, 더 이상의 돌
아니 말 한 개를 얹힐 수 없다
뾰족 솟은 그 위에 올릴 수 없다
그래서 문득 말들을 와르르 밀고
놓은 첫 돌이 눈에 띄지 않는다
누가 향기 있는 돌 한 개를 놓으면
쌓아 놓은 꽃이 내 안에 비칠까

—「여미지 식물원」/ (2006. 6 12)

■ **껍데기론 / 아버지의 껍데기**

씨, 아니 내가 꽃이라고 말한 '안'에서 존재하는 것! 보이는 껍데기가 아닌 보이지 않는 알맹이. 동학하는 아버지가 털 까칠한 턱을 내 볼에 부비면서 하던 말, 껍데기! 그 껍데기를 묻으면서 그 때에 껍데기를 실감하고, 사람들이 이어가는 그 알맹이를 생각했다.

'껍데기가 왔다' 손자를 껴안으며 하던 아버지의 말, 아버지가 돌아가시고 껍데기를 묻고 그때 껍데기를 보았다 아버지의 껍데기는 나, 나의 껍데기는 아들, 아들의 껍데기는 손자, 손자 손자의 껍데기의 껍데기로, 사람들은 이어가는 알맹이 무얼 남기고 있다 껍데기가 왔다가 껍데기가 간다.

—「아버지의 껍데기」/ (2005.12.4.)

■ **껍데기론 / 껍데기가 흐르는 한강**

깜박이고 있는 신호처럼 내 밖에 있는 물상 그것은 내 그림자 또는 허상이며 껍데기이다. 그 껍데기는 흐르고 변한다. 이런 분신인 낯선 얼굴을 보는 것은 섬짓 하다.

낯선 얼굴이 머리말에 와
찰싹이고 보채 웅얼거리고 있다
그에게 묻는다, 네가 누구지
껍데기다, 그가 대답한다
껍데기? 깜박이는 녀석을 본다
이삼년 전이다 한강북로
내가 차를 타고 빨리 흐르고
그때 창에 얼씬거린 녀석
한겨울 잎 지지 않고 사운거린
가지를 늘어뜨린 푸른 버들
아닌가, 며칠 전이다, 청계천
내가 십리 길에 징검다리를 건너
달보다 더 유연히 흘러가면
그때 어데 고향 하늘에 기대
아리 아리랑 일렁인 녀석
머리에 고깔을 나부끼는 물억새
아닌가, 간밤의 하얀 기표들
강으로 머리를 디밀어
껍데기가 흐르고 있다

—「껍데기가 흐르는 한강」/ (2005.12.3.)

■ **껍데기론 / 일천 자를 읽다**

-에밀레종

의미는 움직인다. 변한다. '道를 道'라고 말하면 그래서 말로서 의미를 고정시켜 버리면 굳어 있는 말이 된다. 그건 굳어있는 관념의 껍데기(말)일 뿐이다. 신종(에밀레종)의 명문을 보건데, <안>이니 <밖>이니 하고 방편으로써 도를 말하여 놓고 있다. 그러니 그 방편. 그 껍데기인 귀신 씨 나락 까먹는 소리 같은 문장(글자)을 발로 차 버릴 수밖에

신종의 앞뒤 명문 일천 자字를 읽다
(무릇 도는
형상의 '밖'에 있어 보아도
능히 그 근원을 볼 수 없으며
대음大音은
천지의 사이에 진동하니
들어도 그 울림은 듣지 못한다)
심심파적 이 문장을 해체한다
'안과 밖' 껍데기 소리
냅다 발길로 '밖'이란 글자를 차버린다
일천 자의 문장이 와르르 무너지고
신종이 와르르 무너진다
심심한 헛발질
하고 나서 미안한 헛발질
이건 불경(不敬, 佛經)하다? 좀 심했나

마음 슬그머니 명문을 마저 읽다
경주 관광은 하늘이 맑고
때마침 12시 디지털의 신종이 운다
콰아~앙 응~응~
(신종이 완성되니
그 모양이 산과 같이 우뚝하고
소리는 용울음과 같았다)

—「일천 자를 읽다」/ (2005.11.22)

■ **껍데기론 / 천마총**

천마총은 무덤, 즉 껍데기(기호)다. 모든 것은 무상이 변하여 없고 관념의 껍데기들만 있다. 다만 오늘 내가 있고 그런 나의 의미만 있을 뿐이다.

천마총天馬塚은 주인을 알 수 없는 무덤 껍데기 누구인지는 모르나 천마도가 나왔다는 말의 길라잡이

무심코 천마를 타고 환상의 무덤 속으로 들어간다 나는 화랑의 모자 아니 햇빛을 가리는 푸른 챙의 모자를 썼다

지금 천마총에 내가 누워 있다(아니다 나는 신라 때 시중 오 섬의 후예다) 누구일까 앞에 생생하게 떠오르는 그와 나의 낯익은 두 얼굴이 뒤섞이고 어른댄다 나는 눈 크게 뜨고 진열된 나비 장식을 보고 있다 누구일까 영혼이 천년 쯤 나풀나풀 날아오면서 그가 푸른 챙의 모자를 쓰고 있다

갑자기 그가 사라지자 무덤 속은 빈껍데기 유리벽을 사이하고서 진열되어 있는 천마도 천마가 혼자 달리고 갈기를 나부끼고 내 앞에

서 구경하고 있는 신라의 이쁜 여자 스카프가 나부낀다

—음산히 바람이 일자 환청의 아득한 소리, 천마의 음속音速? 백성의 울음? 말발굽이 박차고 가며 나부끼는

구름무늬 스카프를 나는 무덤 껍데기 속에 놓고 나왔다

—「천마총」 / (2005. 11. 25)

■ **껍데기론 / 빙판**

화폐는 언어와 같은 하나의 기호학이다. 고정된 기표(화폐단위)가 있고 관념인 가치가 있고 그 가치는 늘 유동적이어서 변한다. 나는 주머니 속에 있는 관념의 화폐를 만지작거리다가 미끄러진다. 관념이 시의 행간에서 미끄러지듯이

행간이 빙판을 벌인다 미끈 미끈거리고 나의 출근하는 언어가 '쫄랑쫄랑'인다(나는 이런 부사副詞다 키나 몸이 하는 것이 그러하다) 오늘 일찍 출근하여 동전銅錢 껍데기의 푸른 詩를 쓰고 싶다 주머니 속의 동전 서넛을 만지작거리고 얼토당토하지 않은 껍데기누드를 연상하고 '쫄랑쫄랑'이다 미끈 미끄러졌다 그때 결정적으로 미끈 미끄러진 건 '요게 몇 년 됐을까?' 그 누드 동전의 주조鑄造 연도를 궁금히 생각하다 쓸 데 없는 껍데기의 생각을 끄집어내고 주머니 속의 동전을 끄집어내고 '쫄랑쫄랑'이다 미끈 미끄러졌다

—「빙판」/ (2005.12.6)

■ **껍데기론 / 金剛松**

폭우 속에 북한산을 다녀왔다, 산은

산발하고 울움 지천이었다
누가 죽었나보다 삼일을 두고
설움을 토해내어 콸콸콸
계곡이 넘치면서 무수한 내 언어들
휩쓸리고 있어, 버티는 버티는
바위의 금강송 얼굴을 쳐들고
하늘을 우러러 보고 있었다

나는 원효암 근처 껍데기 배낭 하나 메고
시구문을 지나서 나왔다

―「금강송」/ (2006.7.)

〔 시 들여다 보기 〕

시구문屍柩門, 누가 죽어 거적에 싸여 지게 위에 지고 나가듯이 나는 죽은 배낭을 메고 그 문을 빠져나왔다. 이것을 우화羽化라고하든 주검의 껍데기라고 하든 상관없다. 시는 다의적의미를 가진다. 영혼이 떠난 껍데기!, 아니 우화하여 나비가 날아간 허물, 그 벌레의 껍데기에서 글을 마무리한다.

2007. 11. 吳南球

시와 시론집

첫나비 아름다운 비행

(시문학사. 2002. 6)

시와 시론집 <첫나비 아름다운 비행> 차례

* 원본에 수록된 시들은 일부 수정하여 전집에 수록하였음.

■ 서언序言

사이버 시대 나의 詩 나의 詩論

직관한 생명 그 생태적 「즉물 환타지」의 시詩를 한데 모았다. 부분적으로 발표되었으나 미발표된 작품과 함께 정리해서 엮어 보임으로써, 어느 정도 실험 의도를 보일 수 있을 것 같다. 30여 년쯤일까, 외곬으로 걸어온 길이라서 얼마나 편협할까 생각하면 발표하기 망설여진다.

그러나, 현대 물질 문명의 컴퓨터 문화 속에 사막화되어 가는 정신 세계를 보면서, 인간의 사막화를 보면서 미래사회에 중요시될 생명 그 생태적 시의식을 예견하고, 정신 세계를 푸르게 할 환타지아를 생각했다.

나는 그간 두서없이 내놓은 실험적 시론을 다시 압축·정리할 필요를 느꼈고, 「직관시直觀詩의 수학적 존재증명」이란 제목으로 시론을 「직관시直觀詩」에 한정함으로써, 비로소 그동안의 좀 막연했던 시론을 마무리지었다.

2002년 봄에 오남구吳南球

캐릭터
—즉물 판타지 · 1

내가 날면
어떤 의미가 있을까

누구 이 얼굴 아십니까
—즉물 판타지 · 2

외진 등산길도 호젓이 걸어 보았고요, 땡굴이며 기지촌 색시굴이며…, 들여다보고 또 보고 와서는, 한강변을 거닐어 보고 두 주먹으로 눈물만 훔치고 또 시골로 가서는, 봄 · 여름 · 가을 · 겨울 그렇게 찾아 냉이도 캐어 보고 전봉준이 집도 가보고, 또 보고 끝내는 여치에게 찾아가고 골방 같은 데까지 누구 얼굴을 찾아 보았지요.

나는 5라는 기호 위를 날아갑니다.

첫나비

—즉물 판타지 · 3

내가 날면
어떤 의미가 있을까
무심히 차돌을 본다
차돌 속을 날기 시작한다, 첫 나비,

돌이 꽃이 된다

내 마음에 바람이 불면
꽃밭이 된다
숨이 살아 돌아서
숨이 살아 돌아서
리듬이 되고
의미는 의미를 낳고

꽃이 별이 된다

물형수석

—즉물 판타지 · 4

물형의 새 한 마리가 있다
시인 박봉순朴奉淳이
좌대에 올린 작은 돌,
욕망의 모가지를 쳐들고
밤마다 하늘을 탐하던 눈 뜬다
참 언제였던가, 번쩍 스친 말
'쳐 죽여라' 했것다
벼락같이 쳐 죽인다
욕망을 쳐 죽인다
그러자, 까맣게 숯덩이가 된 돌
또 언어만 쳐 죽이고
까—악 비명소릴 낸다

호접란

―즉물 판타지 · 5

막 핀, 발그레한 열아홉 살의 불빛 저 호접胡蝶. 창가에 놓아 배경의 하늘이 말끔하다. 올려다보니, 그 하늘에다 꽃대의 목들 길게 빼어 놓고, 지나가는 한가한 구름이 걸린다. 스스로 집중執中*하고 있는 저 호접. 구름에 날개를 젓다가 묻히다가 한 차례의 동動정靜에 떨림이 지난다. 아직 바스락거리며 구르는 낙엽소리, 은은한 창窓 울림이 꽃샘바람이다. 저 호접의 떨림이 발그레한 볼빛이었을까 이때 초로初老의 시인에게 눈짓을 한다.

* 집중執中 : 執中之道.

첫봄 소식을 아내에게

—즉물 판타지 · 6

경칩날에 피워 올리는 봉오리들
피워 올리는 내 꽃은,
마알~간 이른 바람과
그리고 환한 날개 하나다
내가 문 밖에 서자 아내는
첫 흰나비인 듯이
목발로 선 꿈의 날개인 듯이
눈발이 날리고 선다
눈발 속에 내
분분紛紛한 마음이 또 바람이다
오늘 경칩날의
첫봄 소식, 아내에게
목례를 하고 문을 나선다
꽃말을 하나 날려 놓고 간다

봄비가 몰라!몰라! 몸살친다
—즉물 판타지 · 7

관악산 까치고개에
피리리~ 새소리가 간다
반짝이는 물방울 아픈 햇빛이다
도토리나무의 붉은 잎들의
아우성 풍금소릴 듣는다

간밤엔 남해의 바람일지
버들가지의 잎겨드랑이마다
흰 고기 떼들이 파도를 친다
가늘은 몸짓 봄비가
몰라! 몰라! 몸살친다

피리리~ 새소리가 가고
파아라니 피가 돌면 피가 돌면
깍! 깍!
몇 점 꽃이 빛났다

버들
—즉물 판타지 · 8

단단한 회색 공간에 버들, 부드런 선을 놓고 있을 때
눈물나는 봄이 파랗게 긋고 간다
천 갈래 만 갈래
실낱의 바람 그리움
아른아른거려서, 낄낄낄낄낄…
잎이 웃고 피어나면
버들 몸서리쳐서 눈물난다

흰 손수건만한 구름 골목 사이에 놓는다

판타지 뉴질랜드

—즉물 판타지 · 9

민둥 민둥 민둥산이다
파르라니 초지가 중머리이다
부처의 상像 하나 가지고 나서
가부좌 틀어 앉혀 놓아 보니
새들이 온통 노래 부르고
꽃이 정원마다 피어 있고
심심 심심히 할 일이 없다
파르라니 깎은 중머리
한 점 구름, 양 떼나 풀어 놓는다
서 있는 한그루 나무가 외롭다
꽃밭 속에서
마우리족의 코가
마주치는 두 사람의 코가
달콤한 꽃향을 맡고 있다

日-出-山-行

—즉물 판타지 · 10

붉은 공이 튄다. 목련 담장 넘어서

깍 깍 깍 세 번 짖는다

붉은 공이 튄다. 소리 계곡 넘어서

울긋불긋 몇 점 핀다

붉은 공이 튄다. 진달래 암벽 넘어서

日-出-山-行

붉은 공이 튄다

마라도

—즉물 판타지 · 11

제주도 앞 바다에
내 눈썹을,
물길 수평선 위에 놓고 가니까
섬은 이미 그리움 덩어리다
내 눈썹이 가서 닻을 내린다
물거울 속의
마라도, 꽃 비치는 땅끝
수평선 위에서 푸르게 씻긴다
끼룩, 땅끝! 끼룩 땅끝!
갈매기가 울어댄다
깃발이, 멀리에 오키나와를 놓고
앗싸 앗싸 파도가 온다

내가 눈썹을 싣고 나오자
빈 섬이 하나 떠 있다

동강*에 와서

—즉물 판타지 · 12

상처난 수캐가 왔다
쓰다듬고 품어 안는 어머니여라
흙은 어머니의 살
맨발로 젖가슴의 살을 밟고
동강에 와서 봄은 부드럽다
맑게 생명이 보이는
물거울에, 나 비쳐서 보고
가만히 몸 낮추고 해 바라보고
칭얼대기라도 해 볼 일이다
산수유꽃 봄볕이 순수하다
스며라, 저 꽃빛 싱그러움
순히 어름치랑 어우러라

* 동강 : 영월군에 있는 강.

물수제비 뜨다

—즉물 판타지 · 13

물거울,
동강 동강* 뛰어가게 팔매친다
문득 나비가 날아오른다
흰 나비가 날아 선을 그린다
파란 나비가 날아 선을 그린다
노란 나비가 날아 선을 그린다
분광分光하는 물거울,
동강 동강 물수제비가 뜬다
소실점에 나비가 배경을 펼친다

* 동강 : 담방거리는 물수제비의 모양. 동강의 동음이어.

서른 한 마리 나비를 풀어 놓다

—즉물 판타지 · 14

나비, 봄의 환희 군무는 끝났다. 뚝 하고 절기가 꺾이면서 일시에 꽃이 진다. 나는 달력 안에 서른 한 마리의 나비를 풀어 놓는다. 여름으로 가고 있는 철쭉 능선 어느 길목에서, 이제 막 윤기나는 잎들이 아이 손인 듯 반짝반짝 흔들어댄다. 약수터쯤에선가 서성이면, 까악—하고 먼저 새가 여름을 안다. 망망한 신록의 바다가 펼친다. 나풀대고 넘어가는 고독한 나비, 나비

씨털의 비행

—즉물 판타지 · 15

앞서가는 물이 있다
꽃자리에서 향기를 머금다가
풀잎의 싱그러움을 머금다가
흘러내리어서,

자잘한 자갈 사이로
뽀시락거리는 아주 작은 것들
아기자기한 숨소리까지
생생히 머금다가,

조개껍질이며 조약돌이며 뼈며
강바닥을 빛나게 깔아 놓았다
새 소리가 있고 바람 소리가 있고
얼굴도 비쳐서,

존재의 흔적처럼
의미의 씨털들이 비행을 한다

흰 옷깃, 얼핏 신이 떨치는 소리

—즉물 판타지 · 16

나비, 한 점이 날아간다
어디선가
파르른 청박지青薄紙 하늘이
은은히 바람에 떨린다
소나기 씻긴 뒤라서 그런가 보다
칡넝쿨 치렁치렁 늘어뜨린
산머리 잘 빗긴 뒤라서 그런가 보다
깨끗이 파르른 하늘의 낮달
내 눈썹 위에 걸려 있게 되면
고것 참 울음덩어리가 된다
청박지 위에 떨리는 나비

고씨동굴*에 가면

—즉물 판타지 · 17

으응, 응 응

바람의 비음鼻音이 살아 있다

스을, 슬 슬

물의 설음舌音이 살아 있다

깊은 콧소리에 빨려들어서

감미로운 굴림에 감겨들어서

리을(ㄹ) 리을(ㄹ) 속내에서 황홀하다

"동굴"하고 내가 부르자

당장에 도웅~, 웅~웅~

구울~, 울~울~ 살아 있다

날개를 벗은 밀실이다

* 고씨동굴 : 강원도 영월에 있는 동굴.

독백
—즉물 판타지 · 18

라일락이 피고 있는 오후의 독백

뜨거운 꽃의 불을 켜고 싶다!
몽롱하게 켜고 싶다!

꽃은 열심히 불을 켜고 말했다

비릿한 바람이 부는
오월의 가시내

서해
—즉물 판타지 · 19

앞 바다를 빨래처럼 걸어
줄에 매어 놓고 나면
나부끼는 바다
핏빛 선명한 해가
미끈, 미끄러지며
캄캄하게 사라졌다

바다로 향한 창에 서면
소라 껍질의
커다란 귀를 놓고
고—군—산—
열도列島의 앞바다
싱싱한 사랑 소리 듣는다

한 톨의 씨를 보며

—즉물 판타지 · 20

나풀나풀 한 의미가 스치자, 꽃은 제 스스로 바람 아니어도 흔들고 빛 아니어도 환하다.

나비는 불火이었을까, 그럼 치지직 분사噴射하는 힘, 의미의 저 고향을 향해서 쏘아올리는 인공위성은 향일성向日性일까,

오늘 밤 천정天頂을 지나서 선명히 지구를 도는 한 의미가 있다. 제 스스로 도는 몸시계*가 움직이고,

한 톨의 씨를 보며 존재의 먼 비행을 생각했다. 빛나는 동動정靜의 떨림, 나비가 나풀나풀거린다

* 몸시계 : 식물이 어둠과 밝음에 상관 없이 스스로 시간을 아는 것.

탈관념의 캐릭터 기호학

－吳南球의 「첫나비, 아름다운 의미의 비행」을 중심으로

趙明濟 (詩人 · 文學博士)

Ⅰ. 탈관념의 시적 이행

오남구吳南球(본명, 吳鎭賢)는 '마음의 시학'이라는 『꽃의 문답법』(1999. 1)을 내놓은 바 있다. 여기에서 그는 시를 도道라 여기고 '탈관념脫觀念'이라는 대단히 모험적인, 일상적인 고정관념을 모두 깨뜨리고 어린아이같이 순수 무구한 상태로서 느낌을 갖는 관법의 詩論을 펼친다. 그는 이것을 다시 집약하여 「직관시直觀詩의 수학적 존재증명」이라는 시론(『자유문학』, 2000년 봄호)을 정리하게 된다.

그가 '마음의 시학'이라 하여 동양사상에 기반을 둔, 정확히 시인의 마음 그 행동과학적인 측면에서 전개한 이 직관의 시론은, 수학의 집합과 순열을 도입, 도표화하여 보여준 대단히 논리적이고 명료한 글이다.

언뜻 시와 수학은 거리가 먼 것으로 생각하기 쉽다. 그러나 「수학과 철학과 시詩」라는 명제를 한데 놓고 보면 수학은 산술이나 연산만이 아닌 개념철학으로서 서로 깊이 관련되어 있고, 또한 詩가 언어로 표현되는 형식을 면할 수 없으므로 언어의 기호학적인 면이 불가분의 관계에 있게 된다. 그러고 보면 그에게 있어서 탈관념의 기호학적 전개는 필연적으로 예정된 것이었던 게 아닌가 싶다.

한편, 날카로운 예지력의 소유자인 그는 유달리 캐릭터를 미래 문명사회의 총아로 예견하여 많은 관심을 기울여 왔던 것 같다. 그러한 예견의 실천적 작업으로 그는 근작시에 기호학의 기표·기의적인 캐릭터를 등장시킨다. 그의 기호철학적인 「아름다운 의미의 비행」이라는 대전제는 그래서 시사하는 바가 많다. 그는 가끔 산에 가서 명상을 하곤 하는데, 언젠가 "우주를 한 글자로 말할 수 있네. '生'이네"라고 한 적이 있다. 이런 좀 당혹스럽던 그의 우주관이 연작 20편으로 집약된 직관의 '의미의 비행'을 통해서 어렴풋이나마 감지된다. '生', 그것은 그의 시세계의 핵이며 도道이다. 장자의 '우주여행'을 떠올리게도 되고, 칼 융의 '황금란'이나 초현실주의자들의 '오브제'가 느껴지기도 한다. 직관하는 '선禪'이나 도道가 오히려 낯설게 느껴지는 것은 우리의 독자가 서구 시론에 익숙해 있기 때문일 것이다.

그런 연유로 해서, 그가 동양철학에 바탕을 둔 '마음의 시학'이라는 탈관념의 시론인 『꽃의 문답법』을 펴냈으리라 생각된다. 특히 이번 「아름다운 의미의 비행」에서 <독자에게> 말하는 서시序詩는 시학적인 면에서 많은 의미가 함축되어 있다.

II. 캐릭터의 기호학

(1) 캐릭터, 「누구 이 얼굴 아십니까」

「시문학」 9월호에 발표된 吳南球의 '캐릭터가 있는 詩' 「첫나비,

아름다운 '의미의 비행'」은 캐릭터가 도입된 최초의 시형태로서, 철저한 실험정신으로 일관해 온 시인의 면모가 잘 드러난다.

외진 등산길도 호젓이 걸어 보았고요. 땅굴이며 기지촌 색시굴이며…, 들여다 보고 또 보고 와서는, 한강변을 거닐어 보고 두 주먹으로 눈물만 훔치고 또 시골로 가서는, 봄·여름·가을·겨울 그렇게 찾아 냉이도 캐어보고 전봉준이 집도 가보고, 또 보고 끝내는 여치에게 찾아가고 골방 같은 데까지 누구 얼굴을 찾아 보았지요.

나는 5라는 기호 위를 날아갑니다

—「누구 이 얼굴 아십니까」 전문

내가 날면
어떤 의미가 있을까

—「캐릭터」 전문

서시에서 「누구 이 얼굴 아십니까」하고 처음부터 상상도 못할, 아주 낯선 상황으로 독자를 몰아 넣는데, '나는 5라는 기호 위를 날아갑니다'라는 상황 설정의, 경구 같은 시구에서 알 수 있듯 '기호 5'와 캐릭터가 등장한다.

이렇게 탄생한 첫 나비의 아름다운 '의미의 비행'은 직관의 비행으로서, 마지막 「한 톨의 씨를 보며」까지 연작 20편으로 이루어진다. 여기서 지칭하는 '이 얼굴'은 캐릭터인데, 일상적인 사고의 발상을 당돌하게 전환시킨다. 즉 시인은 그 캐릭터를 일상적으로 나비가 날아가는 '현실의 꽃'이 아니라, '기호 5'의 위를 날게 하여 전혀 새롭고 환상적인 시적 상황을 전개시켜 나간다.

먼저 유념해야 할 것은, '캐릭터'의 모습이 현실의 '나비'가 아니라는 점이다. 이질적인 '연필'의 몸통에 두 날개가 만난다. 그리하여 이루어지는 통합적인 이미지, 바로 첫나비인 캐릭터가 탄생한다. 이 캐릭터가 일상적인 꽃이나 어떤 실물이 아닌, '기호 5'의 위를 날아감으로써 다시 통합을 이루고 전체가 하나인 새로운 질서로서 환상세계를 열어 간다.

(2) 캐릭터, —미래의 詩

이 캐릭터는 고정관념을 깨뜨리고 오로지 직관에만 의존한다. 특히, 대상(개체)의 일상성을 벗어난 무의식의 구상화로서 이루어진다. 이것은 구상적 비합리주의 형태이며, 명료한 외형을 갖춘 물체의 영상을 일상적 위치에서 추방하고 이질적 영상과 당돌하게 결합시킨다.

그리고 언어의 기의적인 기능의 기표화를 통해서, 서구 시양식에서가 아닌 동양 사상에 바탕을 둔 '마음의 시학'이라는 탈관념의 수학적 시론에 입각한 작시의 상황을 보여 준다. 기호학적 이미지 캐릭터를 詩에 도입한 것은 하나의 사건이다. 이 캐릭터의 이해는 곧 그의 실험시를 이해하는 단초가 되며, 주목컨대 현대시의 새로운 어떤 양식을 가늠해 볼 수 있을 듯하다.

일찍이 그는 캐릭터에 매력을 느끼고 있었던 터이다. 기획사에서 캐릭터 작업에 종사한 경력이 그 점을 잘 말해 준다. 시대적 흐름의 정황으로 볼 때 캐릭터는 미래 정신문화 산업의 총아로 기대된다. 미래사회에서는 광고시장은 물론 인터넷 화면 속에서 캐릭터가 현존으로 살아 움직일 것이다. 따라서 가상공간(사이버공간)의 환타지는 미래 사회상의 한 단면이 될 것이 분명하다. 시인은 캐릭터의 의미 비행 말미에 짧은 소견을 밝혀 놓고 있다.

> 직관한 생명 그 생태적 「즉물 환타지」의 詩를 한데 모았다. 부분적으로 발표되었으나 미발표된 작품과 함께 정리해서 엮어 보임으로써, 어느 정도 실험의도를 보일 수 있을 것 같다. 30여 년쯤일까, 외곬로 걸어온 길이라서 얼마나 편협할까 생각하면 발표하기 망설여진다.
>
> 그러나, 현대 물질문명의 컴퓨터 문화 속에 사막화되어 가는 정신세계를 보면서, 인간의 사막화를 보면서 미래사회에 중요시될 생명 그 생태적 시의식을 예견하고, 정신세계를 푸르게 할 환타지아를 생각했다.
>
> ―「사이버 시대 나의 詩 나의 詩論」

(3) 직관과 오브제

그의 詩를 서구 시형식으로 분류하여 흔히 초현실적이라고 한다. 칼 융이나 브르통의 시각으로 보면 '오브제'와 통하는 면이 있다. 그러나 정작 그는 그런 말에 대해, "직관은 초현실을 관통하지요"라고 말한다. 그가 늘 말하는 직관의 '관통'은 무엇일까. 그의 「詩로 쓰는 詩作論」의 <명상 · 9>를 보자.

육신에 마음이 있듯 나와 우주는 전체가 하나의 생명체로서 우주에도 마음이 있으니 그 마음이 신이다. 그러니 곧 내 마음이 신이요 신의 마음이 내 마음이다. 마음이 흐트러지면 신도 흐트러진다.

그의 제4시집 『딸아 시를 말하자』에 나오는, 「우주는 생명체」라는 詩이다. 여기서 보듯 그의 시사상의 근본은 일원일신론一元一神論이다. 초현실주의 작가들이 종래의 이분법적 이원론二元論을 깨뜨리고, 미/추·선/악 등이 각각이 아니고 하나라고 하는, 즉 전체가 하나(全一)라고 하는 일원론一元論을 주장하는 것이 그와 같은 입장이 된다. 결국 '오브제'에 와서 동양과 서양이 만난다. 그는 「직관시의 수학적 존재 증명」에서, '언어를 수학적으로 집합하고 순열하여 통일과 질서를 얻는다'고 한다. 우주를 한 생명체로 보는 일원일신론은 '全一'하기 때문이다. 그는 우주의 '全一'을 글자 한 자 '生'으로 표현한다.

여기서 직관과 비교해 좀 더 '오브제'를 살펴볼 필요가 있다. 초현실을 흔히 '혼돈의 세계에 존재하는 현실'이라고 하고, '현실에만 속한 것도 아니고 비현실에만 속한 것도 아니다'라고 한다. 이 현실을 제3현실이라고도 한다. 이런 '존재의 원형'을 '황금란'이라고 지칭한 융은 무분별성의 원시적 심리 상태, 어둠의 상태, 우주의 무의식적 통일화 상태라고 한다. 이것은 '질서 있는 혼돈'이며 '질서 이전의 질서' 상태를 일컫는다. 즉, 분화되지 않는 '혼돈의 알' 상태의 전일한 모습을 말한다.

초현실주의는 '황금란'의 상태에서의 창작 운동이다. 이런 시적 양식이 곧 '오브제'인데, 그들은 관념적인 일상언어를 깨뜨리고 현실적인 관념들을 모두 단절시킴으로써, 異化作用(낯설게 하기)을 일으킨다.

결국 초현실의 목적은 질서 이전의 질서, 전일한 혼돈상태로까지 창작활동을 확장시키는 운동이다. 그래서 오브제는 다양한 소재와 요소의 혼합에서 의미통합을 형성한다. 이것을 '무질서의 질서'라 하며 '이질성을 통합한다'고 한다. 예를 들면, 이항 대립의 미/추와 선/악 등이 구분없이 원래가 하나로서 '全一하다'는 것이다. 그래서 황금란의 상태란, '우주의 생명력의 대립과 분리 이전의 상태, 미분화 상태'로서 전일한 것이다. 원자가 물질의 원형인 것처럼 초현실주의의 오브제는 '원형의 이미지 상태'라고 한다. 그래서, 그들은 '사상의 황금란', 즉 사상의 원형적 형태인 타자융합의 사상을 주장한다.

이원론의 전통에 대한 제한과 탈출 욕망에서 발생한 오브제는,

① 모순·대립의 해결, ② 일원론의 철학, ③ 절대현실(초현실)의 실현, ④ 정신영역의 확대, ⑤ 정신 해방, ⑥ 인간 해방 등의 단계적 과정 전체가 집약된 형태이다. 초현실주의의 서구식 시양식에서 이러한 형식 논리는 복잡미묘하다. 그러나 동양에 오면 간단 명료하다. '오브제'의 기능을 간단히 집중하는 '선禪'의 '화두話頭'로서 말할 수 있다. 위의 6개항을 더 자연스럽게 집약하며 더 초월한다.

(4) 직관의 캐릭터

그는 시에 캐릭터를 도입하는데 그것은 단순한 캐릭터가 아닌, 바로 '나는 5라는 기호 위를 날아갑니다. 내가 날면 어떤 의미가 있을까'라고 의문을 던지는 '화두'로서 그 기능을 수행한다. 물론 '황금란'이나 오브제의 기능을 한다.

나는 이를 '직관의 캐릭터'라고 이름한다. 그의 사유가 초현실주

의와 다른 점은, 복잡한 초현실주의의 어떤 형식 논리에 구애됨이 없이 바로 직관하며 초현실을 관통하여 버린다는 것이다. 따라서 그의 캐릭터는 '우주적 생명력의 원형 상징'을 의미하고 있다.

그 '캐릭터'는 직관의 '의미 비행'을 시작한다. 탈관념의 이 직관의 세계는 도道로서 생명生命의 본질을 탐구한다. 그가 <독자에게> 말하는 '탈관념 문학' 선언의 시 「꽃!」 을 살펴보면, 탈 관념적 개안의 출발점을 짐작할 수 있다.

> 어느날 정원에서 가위를 들고 나무를 다듬다가, 문득 눈이 맞아서 나무가 꽃이 되어 버리는 것이다. '어? 화단에 서 있는 나무는 나무가 아니라 꽃!' 하고 바로 눈에 보이자 국어대사전의 견고함이 무너지고 있었다. 눈물이 주룩 쏟아지고 이 날, 나무의 이름이 모두 없어져서 내 앞에 선다.
>
> ―「꽃!」 전문

이 작품이 그의 압축된 탈관념의 문학선언이라 하겠는데, 직관의 꽃을 발견한 그는 주룩 눈물 흘리는 시적 체험을 한다. 바로 '눈에 보이는'이라고 표현된 '직관'을 하게 된 이날의 시적 발견을 통해서 시, 즉 나무의 이름이 모두 없어져서 참된 새로운 의미를 깨닫게 되는 각覺에 이른다.

III. 직관의 '의미 비행'

(1) 탈관념의 핵심 코드 '집중執中'

욕망을 쳐 죽인다

그러자, 까맣게 숯덩이가 된 돌
또 언어만 쳐 죽이고
까—악 비명소릴 낸다

—「物形水石」 일부

차돌 속을 날기 시작한다, 첫 나비,

돌이 꽃이 된다

내 마음에 바람이 불면
꽃밭이 된다

—「첫나비」 일부

작품 「물형수석物形水石」에서 새 모양을 한 돌[수석]이 욕망의 눈을 뜨고 하늘을 탐한다. 그 돌새는, 벼락같이 쳐 죽이자 비명소리를 낸다. 그런가 하면 「日出山行」에서는 붉은 공, 즉 태양이 공처럼 튀고, 「서해」에서는 빨랫줄[수평선]에 걸린 바다가 빨래처럼 나부낀다. 또한 「첫나비」에서는 나비[직관]가 차돌 속을 날고, 돌이 꽃이 되고, 꽃이 별이 된다. 마법사의 요술 같은 이러한 풍경이나 이미지들은 일상적, 사전적 언어기호의 의미체계를 교란시키거나 사물과 사물 사이의 관계를 파괴하여 시의 이해를 어렵게 만든다. 물론 이런 일탈의 시적 표현이 전혀 낯선 것만은 아니지만. 캐릭터를 등장시켜 다각적 테마의 연작을 일관되게 꿰고 있는 오남구의 「첫나비, 아름다운 의미의 비행」의 이해를 위해서는 먼저 작가의 특수한 시적 장치와 전략을 파악하지 않으면 안 된다. 그의 이번 실험시 연작은 일상적, 논리적 체계를 배반한 직관적 초현실의 세계를 지향하고 있기 때문이다.

앞 장에서 보인 작품 「캐릭터」에서, 캐릭터 '나비'는 연필의 몸통에 날개를 달고 날아가고 있다. 자세히 보면 그 몸통연필은 알을 낳으며 비행하고 있는 모습이다. 그것은 무한한 의미의 생성(혹은 탈관념의 글쓰기)과 우주적 생명성의 상징이다. 그러므로 이번 스무 편(『시문학』9월호 발표 때에는 2편이 생략되었다.)의 시리즈를 관통하는 사상적 핵은 '생명'인 것이다. 그런데, 그 시적 퍼소나인 캐릭터는 '내가 날면/어떤 의미가 있을까'라고 말한다. 텍스트 이해의 관건을 초현실적 직관과 생명사상으로 본다면. 그의 비논리적 즉물 환타지의 세계는 또 다른 현실로 우리 앞에 가로놓이게 될 것이다.

시인은 미시적 관찰(직관)로 사물의 생명적 본질과 흐름을 섬세하게 포착하고 있는데, 그의 생명관은 단순하거나 소박하지가 않다. 예컨대 「고씨동굴에 가면」에서 동굴 속을 드나드는 바람이나 물소리를 그것들의 음성 상징과 함께 '바람의 비음이 살아 있다', '물의 舌音이 살아 있다'라고 표현해 놓고 있다. 그리고 '동굴'하고 부르면 동굴 역시 '동~굴~'하고 울림소리로 받아냄을 통해 동굴이 진실로 '살아 있다'는 우주적 인식에 도달한다. 앞서 「우주는 생명체」라는 작품을 이미 보았지만 그는 범생명적 우주관을 관철하려 한다. 우리가 좁은 의미로 알고 있는 생물의 생명성만으로 접근하면 오남구의 시는 자칫 풀 수 없는 '황홀'이 되기 십상이다. 천지와 나와는 한 몸뚱이요, 만물과 나와는 하나인 것(天與我竝生, 而萬物與我爲一)이라고 한 장자의 말을 빌릴 것도 없이 '흙은 어머니의 살/맨발로 젖가슴의 살을 밟고/동강에 와서 봄은 부드럽다/맑게 생명이 보이는/물거울…!(「동강에 와서」)에서도 알 수 있듯, 모든 생명체는 그 모태라 할 무기물과 연계되어 있다는, 즉 '천지가 부모'라는 사상, 그러므로 모든 사물 모든 존재는 생명적 실체라는 인식은 그의 일원일신론의 바탕을 이룬다

> 막 핀, 발그레한 열아홉 살의 불빛 저 호접胡蝶. 창가에 놓아 배경의 하늘이 말끔하다. 올려다보니, 그 하늘에다 꽃대의 목들 길게 빼어 놓고, 지나가는 한가한 구름이 걸린다. 스스로 집중執中*하고 있는 저 호접. 구름에 날개를 젓다가 묻히다가 한 차례의 동動정靜에 떨림이 지난다. 아직 바스락거리며 구르는 낙엽소리, 은은한 창窓 울림이 꽃샘바람이다. 저 호접의 떨림이 발그레한 볼빛이었을까 이때 초로初老의 시인에게 눈짓을 한다.
>
> —「호접란」 전문

오남구의 작품에 줄곧 제시되고 있는 '꽃'은 생명의 절정을 상징한다. 그러므로 나비날개꽃, 즉 환상적으로 그려진 '호접란'의 '떨림'은 온 우주의 떨림, 그 생명적 전율의 극명한 표명이 아닐 수 없다. 호접란의 고아한 자태와, 하늘이며 지나가는 구름 등 그 배경을 보노라면 생물학적, 일상적 현상의 한 모퉁이가 '스스로의 집중執中'에 의해 터질 듯한 열아홉 나이의 볼빛으로 초로初老의 시인을 상기케 하고야 만다.

'집중지도執中之道!', 시인의 만물 일원론 사상은, 맨발로 칼날 위를 춤추는 무속인의 신들림을 떠올리게 하는 '집중'에 숨어 있을지도 모른다. 그의 동학적東學的인 '중심을 잡는다'는 것이 어떤 것인지를 설명하기란 쉽지 않다. 탈관념의 핵심 코드(code)인 '中心'을

그는 명료하게 피력한 적이 있는데, 그것은 바로 '어린 아기의 마음' 상태, 즉 조화정造化定이라는 것이다. 사실 칼날을 들이대어도 웃는 어린아이의 마음에는 선/악이며 미/추 따위의 구별이나 대립이 있을 수 없다. 일찍이 '세상 사람이 모두 아름다움美을 아름답다고 여기는 데서 추함이라는 관념이 나온다. 마찬가지로 착함(善)을 착하다고 여기는 데서 착하지 못함이라는 관념이 나온다(天下皆知美之爲美, 斯惡已, 皆知善之爲善, 斯不善已)'라 하여, 모든 관념적 분별 이전의 근원은 하나임을 일러 주는 노자의 생각인들 이에서 더함이 있을 것 같지 않다. 오남구 시인의 이같은 일원론적 생명사상을 이해하고 보면 「물형 수석」이나 「첫나비」의 시적 현실이 낯설지만은 않게 된다.

(2) 제3의 공간 즉물 환타지아

「첫나비」의 의미비행을 통해서 형상하고 있는 이번 연작의 일관된 특색은 탈관념의 '즉물 환타지'이다. 탈관념이란 언어기호의 기표(signifiant)/기의(signifie)의 고정된 결합관계를 깨뜨린다는 것이요, 즉물이란 사고체계의 은유적 모델링을 거부한다는 것에 다름 아니다. 즉물시의 역사는 그리 짧지 않지만, 오남구의 시가 내포하고 있는 즉물적 인식의 사상적 성격은 범연하지 않다. 시의 역사는 은유(비유)의 역사라 할 만큼 은유는 시적 표현의 대표적 인식방법이었다. 즉물시는 그러한 은유적 세계인식의 방법에 대한 도전의 산물이라고 할 수 있다. 즉물시를 쓴 것은 아니지만 김춘수 시인이 은유적 인식이나 표현 방법의 불안과 불순성에 대해 치열한 도전을 감행했던 사실을 우리는 알고 있다. 오랜 세월 낡을 대로 낡은데다 덕지덕지 관념이 들러붙어 있는 은유적 표현의 시는 이 옹골

찬 탈관념 시인의 일차적 공격 목표가 될 수밖에 없다. 그것에 대한 통찰적 인식 방법이 바로 직관인 것이다. 사물에 대한 어떤 선입관도 논리적 추리도 갖지 않고 집중執中을 통해 바로 꿰뚫어 보는 오남구의 직관적 즉물시는 정지용 등의 감각적 즉물시 류와는 그 성격을 달리 한다.

직관은 논리적 추리나 경험에 따르지 않고 사물의 본질에 직접 닿기 때문에 플라톤 이래 견고한 서구적 인식의 틀인 이항대립이나 이분법적 사고가 개입될 틈을 허용하지 않는다. 고정관념이 파괴된 상태의 사물에 대한 미시적 관찰(직관)은 연상작용의 효과와 어울어져 그 자체로 순수한 환상세계를 펼쳐 낸다.

앞서가는 물이 있다
꽃자리에서 향기를 머금다가
풀잎의 싱그러움을 머금다가
흘러내리어서,

자잘한 자갈 사이로
뽀시락거리는 아주 작은 것들
아기자기한 숨소리까지
생생히 머금다가,

조개껍질이며 조약돌이며 뼈며
강바닥을 빛나게 깔아 놓았다

—「씨털의 비행」 일부

물(물방울)의 여행을 현미경적 관찰로 그려 보이고 있다. 관념이 배제된 즉물의 환상적 아름다움이 미미한 것들의 '숨소리'까지 감싸는 풍경이다. 작품의 말미에 이르면 상상력의 한 극치라 해야 할 '존재의 흔적처럼/ 의미의 씨털들이 비행을 한다'라는 극미한 세계의 환상적 현상을 보인다. 그 치밀하고 자유로운 환상은 「물수제비 뜨다」에서, 돌팔매의 물수제비가 문득 나비로 날아 오른다. 그리고 곧장 분광分光하듯 수많은 빛깔의 나비로 증폭되는 환타지를 연출한다. 그뿐인가. '나비, 한 점이 날아간다/어디선가/파르르 청박지靑薄紙 하늘이/은은히 바람에 떨린다/……/청박지 위에 떨리는 나비,'(「흰 옷깃, 얼핏 신이 떨치는 나비」)와 같은 아름다운 환타지는 신神의 손길이 빚어내는 장경이 아닐까? 청박지 하늘의 나비에 의미비행의 캐릭터가 겹쳐지면서 어느새 '의미비행'의 캐릭터와 청박지 하늘의 나비는 일체화한다.

즉물적 관찰을 통해 상도한 근원에서 시인은 드디어 제3의 공간 —'눈물나게 그리운 곳', 다시 말하면 현대의 첨단 문명 속에서 사막화되어 가는 인간의 '정신세계를 푸르게 할 환타지아'를 건설한다.

단단한 회색 공간에 버들, 부드런 선을 놓고 있을 때
눈물나는 봄이 파랗게 긋고 간다
천 갈래 만 갈래
실낱의 바람 그리움
아른아른거려서, 낄낄낄낄낄…
잎이 웃고 피어나면
버들 몸서리쳐서 눈물난다

흰 손수건만한 구름 골목 사이에 놓는다

―「버들」 전문

사물과 사물 사이, 아니 기호와 기호 사이의 관계가 이처럼 미세한 감각으로 스미고 밀착된 예는 일찍이 경험하기 어려운 것이었다. 그가 만들어 가는, 새로운 의미화의 이상적 공간에서는 잎이 웃으며 피어나면 몸서리치게 눈물나는 생명의 복된 잔치가 있다.

(3) 탈관념의 의미 작용

이쯤에서 다시 「물형수석」으로 돌아가 볼 필요를 느낀다.

욕망을 쳐 죽인다
그러자, 까맣게 숯덩이가 된 돌
또 언어만 쳐 죽이고
까―악 비명소릴 낸다

―「物形水石」 후반부

욕망을 쳐 죽이지만 결국 언어만 쳐 죽이고, 마침내 비명소리를 듣게 된다는 것은 무슨 뜻인가? 그것은 오남구 시인이 추구하고 있는 탈관념의 직관시란 결국 끊임없는 언어탐구의 세계임을 말해준다. '언어=의미=관념(욕망)'의 순차적 등식을 고려해 볼 때 탈관념이란 의미 파괴를 거쳐 언어를 해체한다는 뜻이 된다.

모든 고정관념은 자연언어는 물론 은유적 언어에 강력히 접착되어 있기 때문에 욕망의 감옥으로부터 놓여나 생명의 꽃을 피워 내기 위해서는 언어를 파괴하지 않으면 안 된다. 언어를 파괴한다는 것은 그 언어기호가 지칭하고 있는 대상과의 관계를 끊어 버린다는 뜻이다. 의미를 제거하고 대상의 본질을 바로보기 위함이다. 언어를 죽이고 나면 남는 것은 '비명소리', 즉 원초적 '소리'이다. '소리'는 언어 이전의 언어를 말한다. 김춘수 시인의 말을 빌리면, 물리적 현실 반대편의 마이너스 공간(현실), 그 심연 앞에서 언어는 해체되고 의미는 단순한 소리로 분해되어 동물의 언어로 원상복귀한다는 것이다.

주체가 대상에 어떤 의미 부여를 하지 않고 있는 그대로의 실체를 보려고 할 때, 재현 불가능한 전달의 언어적 기호체계는 해체되어야 할 대상이다. 오남구의 시가 난해한 편이라면 그것은 언어기호에서 기의를 파괴하거나 기표와 기의 사이의 관계를 허물어 버리고 있기 때문이다. 논리적 인과관계가 제거된 직관의 세계에서는 기표와 기의 사이의 견고한 결합관계가 파괴된다. 그리하여 텍스트에는 기표가 기의보다 우위에 놓이게 되거나, 기의이면서 동시에 기표가 되거나, 기표와 기의의 관계가 전복되거나, 심지어 기의가 거세된 기표만이 한없이 흩뿌려지고 미끄러지는 현상을 유발한다. 그 결과 사물화된 기표적 언어에 의해 순수한 존재의 자유와 황홀한 생명의 축제가 펼쳐진다.

'차돌 속을 나비가 날고, 돌이 꽃이 되고, 리듬이 의미를 낳고, 꽃이 별이 되는'(「첫나비」) 시적 현상은 논리적 인과관계가 차단된 기표들의 자유로운 상호지시에 의해 의미의 회오리 현상을 낳는다. 현란한 기표들의 움직임과 상호 침투, 그 역동적 소용돌이로 말미암아 마치 거대한 태풍의 눈처럼 탈중심화된다.

자유연상에 의해 '꽃 → 바람 → 날개 → 아내 → 나비 → 날개 → 눈발 → 바람 → 꽃(꽃말)'으로 이어지는 「첫봄 소식을 아내에게」 역시 '목발로 선 아내의 꿈'을 중심축으로 한 이미지들의 응집과 순환을 통해 기표들의 아름다운 유희를 만들어 낸다. 기표들의 유희가 형성하는 '태풍의 눈'의 절대적 평정平靜은 태풍권 밖의 안정安靜과는 전혀 다른 것이다. 그것은 탈중심의 중심을 이루고 있기 때문이다.

어쩌면 이번 연작의 끝 작품 「한 톨의 씨를 보며」가 그 긴장된 존재의 자유와 무의미의 의미, 생명의 불꽃을 결속시킨 완결편이라 할 것이다.

> 나풀나풀 한 의미가 스치자, 꽃은 제 스스로 바람 아니어도 흔들고 빛 아니어도 환하다.
>
> 나비는 불火이었을까, 그럼 치지직 분사噴射하는 힘, 의미의 저 고향을 향해서 쏘아올리는 인공위성은 향일성向日性일까,
>
> 오늘 밤 천정天頂을 지나서 선명히 지구를 도는 한 의미가 있다. 제 스스로 도는 몸시계*가 움직이고,
>
> 한 톨의 씨를 보며 존재의 먼 비행을 생각했다. 빛나는 동動정靜의 떨림, 나비가 나풀나풀거린다
>
> —「한 톨의 씨를 보며」 전문

IV. 미래 시詩의 한 지표

플라톤 이래의 서구 형이상학의 근본에 대한 강한 의문을 제기하고, 데카르트 이후의 견고한 이성중심주의, 말 중심주의를 부정

하면서 출발한 탈구축의 기호학은 오늘날의 문학 담론에 지대한 영향을 끼쳤다. 언어기호에 대한 날카로운 인식을 보여준 탈구조주의(해체론)는 절대적 의미의 안정된 근원을 믿지 않으며 해석의 불가능함을 시사한다. 또한 모든 결론을 유보시키고 있다. 그리고 그것은 언어와 그 언어가 재현하려는 대상과의 숙명적 '차이'를 인식하고 불확실성과 불안을 있는 그대로 끌어안으며, 지배문화로부터 소외된 '타자'의 존재를 인정한다.

오남구의 시가 직관적 언어기호의 체계를 형성한 것이라면 그 닫혀 있음과 열려 있음의 동시성 때문에 해석상의 곤란과 다양성은 불가피해진다. 서술적·논리적·사실 설명적 언어의 차원에서는 기표와 기의의 결합이 투명한 관계를 맺고 있지만, 문학 특히 일상적 문법을 최대한 깨뜨려 나가는 시 텍스트에 있어서는 기표와 기의의 관계가 전복되는 것이 예사이고, 심지어 기의는 사라지고 기표만이 움직이며 유희적·탈중심적·환상적 양상을 형성한다. 텍스트는 원래 불확정적, 다층적 구조로 되어 있지만 김춘수나 오남구의 시세계가 난해하게 비치는 것은 그들이 언어기호의 관념적, 논리적 결합체계를 해체해 버리고 있기 때문이다. 김춘수의 '무의미'와 오남구의 '직관'은 탈관념을 시적 출발점으로 삼고 있다는 점에서 공통되는 측면이 있다. 이항대립적 사고체계의 경계를 무너뜨린 자크 데리다의 일원론과 오남구의 '집중'적 일원론은 상통하거나 어디선가 교차한다. 절대적 진리나 기원, 혹은 언어의 지칭력에 대한 회의와 부정, 언어의 상대성에 대한 인식 등의 원류, 곧 일원론 사상의 기호학적 원류를 우리는 노장老莊에서 찾아볼 수 있는 터이다. 노장에서 남구에 이르는 일원론적 동양사상은 그 역사가 유구한 것이다. 이젠 서구 편향적 인식의 틀에서 벗어나서 기호학적 일원론 사상의 원류를 짚어 보고 그 갈피를 바로잡아 아우른 자못 통합된 시학을 오남구의 시세계는 강력히 요구하고 있다.

시작품에 캐릭터를 등장시킨 첫 사례가 될 「첫나비, 아름다운 의미의 비행」에 이르기까지 30 여년을 시와 싸움해 오면서 동시에 탈관념의 자생적 시론인 「마음의 시학」을 천착해 온 오남구의 시세계에 대한 논의는 참으로 미미한 편이었다. 한국 현대시의 물줄기에서 미당의 '토속적 미학'과 김수영의 '새로움의 시학', 그리고 김춘수의 '무의미 시학'의 뒤를 잇는 오남구의 '마음(탈관념)의 시학'은 매너리즘에 빠져 있거나 과거 속에 머물러 있는 시문학 풍토에서 간과할 수 없는 한 지표가 되어 주고 있다. 이 글은 분망 중에도 불꽃 같은 열정으로 시창작과, 탈관념 시론 정립에 몸을 던져 자신을 소진시키고 있는 오남구의 시적 정신세계에 대한 논의의 한 작은 시작에 지나지 않을 것이다.

제4시집

딸아 시를 말하자

(2000. 4. 도서출판 다층)

시집 <딸아 시를 말하자> 차례

* 원본에 수록된 시들은 일부 폐기, 수정하여 전집에 수록하였음.

시심천국

오늘, Y시인은 또 눈시울을 붉히고 있었다. 이번에도 그 무엇인지는 모르지만 그는 내게서 또 열심히 시를 읽어 가고 있는가 보다.

십수년 전, 아내가 척추에 종양이 생겨서 몸이 마비되고 있었다. 다급할 때에 아내를 입원시키려 하니 입원비가 없었다.

그날 밤, 왜 그리 폭우가 사납게 쏟아졌는지, 아침에 관악산에 오르는 길은 온통 빗물이 할퀸 상처가 어지럽게 널려 있었다. 흙이 씻긴 곳에 나무뿌리가 앙상히 나와 노란 뿌리를 드러내 놓고 쓰러져 있었다.

그런데 돌 틈에 아, 영롱한 물방울을 머금은 채 작은 풀꽃이 피어 있었다. 간밤의 폭우에도 곱게 잘 견딘 그 모습에 나는 넋을 잃고 말았다.

간밤에 저희 엄마 곁에서 올망졸망 모여 있던 딸들의 그 모습이 풀꽃에 어리었다.

아내는 내일 입원을 한다.
시詩는 돈이 될 수 없다.
입원비를 마련치 못하는데
아내에게 시를 갖다주면

꽃이 될까
아니 될까
딸들이 엄마 곁에서
풀꽃으로 흐느끼는 온밤.

「풀꽃」이라는 이 짧은 시는 당시의 상황을 메모한 것인데 그대로 발표했다. Y시인은 이 시를 보았을 때에도 오늘처럼 눈시울을 붉혔던 것 같다.

나는 그때부터 나 혼자가 아니라는 것을 어렴풋이 느꼈고, 비로소 시인이라는 것을 실감하기 시작했다. 그리고 Y시인 뿐만이 아니라 시심을 가꾸는 아름다운 마음들을 많이 만났다. 아니 새삼스럽게 발견했다는 것이 옳다.

일터에서 돌아와 아내의 병상을 지키는 밤이면, 아내의 머리맡에 놓고간 '기원을 드리는 마음'들이 흰 봉투 속에 소담하게 함께 담겨 있었다. 이렇듯 시심을 보고 있을 때에, 가난하게 살아온 시인으로서 찾은 기쁨과 함께 고난을 극복할 수 있는 힘을 얻었다.

결국, 그럼 염원과 정성들이 모여져서 아내는 기적적인 소생을 하기 시작했고, 긴 병원생활을 마치고 나는 휠체어를 밀면서 저 기쁜 하늘을 보며 외쳤다.

시인 만세!

*

이렇듯 시는 나의 삶을 지탱하였는지도 모른다. 그러나 아무도 알아 주지 않는 시는 실로 나를 고독케 했다.

시집을 엮고 나서 또 절망스러워서 이름까지 바꾸면서 새 출발을 작심했다. 나도 조금은 행복해지고 싶다.

고뇌의 세월! 십수년에 걸쳐 하늘이 내게 내린 고행이라면 언제면 끝나는가?

무상한 세월이 25년이나 지났다.

나는 문단에 전봉준全琫準의 동학처럼 반란을 일으키고 싶었던 게 솔직한 심정이었다. 그래서 좀 외람되게 보인 내 행보는, 무관심과 무시의 견디기 어려운 냉대를 받았다.

네 번째인 이번 시집은 1989년 이후 2000년 1월까지의 작품들로서 나름의 '탈관념 문학'을 정리하는 시들이다. 나이 쉰이 넘도록 산에 들락거리며 심학心學을 하고, 명상하는 가운데 얻었던 영감적인 것들이 많다.

그런데 뜻밖에도 처음으로 시문학에 안수환 시인이 나의 천天에 대해서 눈치를 채고 글을 써주었다. 누가 또 나의 인人에 대해서, 그리고 천인합일天人合一의 시천주侍天主에 대해서 눈치채기를 기다려 본다.

새즈믄해 사월

오남구

1

내 서정의 노을

늘상, 내 서정의 노을이 금빛 소울음을 풀어 놓습니다. 울타리의 떠오른 박은 보름달입니다.

사태후였습니다. 유난히 반짝이는 그 분, 철모의 반짝임이랑 5.18 총성이 내 뇌리에 가득 차 버렸습니다.

반짝 순간, 울타리의 박을 보았을 때에 반짝임이 금빛 소울음들을 뭉개 버리고 울타리 위의 노을이 피를 풀어놓고 있습니다.

진실일까 저 노을, 면벽이라도 해야 할까, 햇빛은 늘 순백의 서정을 풀어놓습니다.

해넘이
—축제 1999

해넘이의 부신 해 하나가
서해의 수천 수만
물고기 떼의 물 속에 빠지자
선명한 분계선分界線을 긋는다.
일시에 선 아래
꿈의 물고기 떼가
눈에다 수천 수만이
환히 불을 켜고서
동으로 동으로 향해 흐른다.
선 위에서는 다만
파르르르…, 화사한 물고기 떼의
노을지느러미가 떨고 있다.

뉴밀레니엄

초침이 간다.
0시 방향
사방에서 초침이 간다.
섬찟, 바늘을 세우고 일어선
고슴도치 나뭇가지들이
창유리를 금 가르고 선다.
여지없이 빌딩이 조각난다.
아니 물어뜯는다.
여보세요, 모두 안녕하신가
Y2K 상황 끝
구름조각, 담배를 피워 문다.

자전거 위의 두 모녀*

아침 길 봄 햇살이 간다. 두 바퀴가 햇살을 부시고 간다. 어머니의 튼튼한 발이 햇살을 밟고, 딸은 햇살을 포근히 안고 간다. 등교하는 자전거 위의 두 모녀. 바퀴가 반듯이 서서, 햇살을 굴러서 간다.

* 두 모녀 : 장애인 딸을 자전거에 싣고서 매일 등하교하는 모녀.

벽, 그리고 민들레

벽이 나이만큼 어둡고 두껍게 있다. 봄비가 벽 속을 지나간다. 논현동의 보도블록 사이에 핀 가냘프던 민들레, 벽 속에서 그 씨앗 하나가 싹을 트기 시작했다. 금이 가는 벽, 노을져 얼굴을 붉히면서 '아이 간지러워요' 속삭인다. 속삭여서 생명이 부드러워진다. 벽은 가만히 숨결을 기울인다.

무서워지는 씨앗의 뿌리.

성장하는 박스

가을 창, 원고지 몇 칸이 놓인다. 무심히 여자를 가둬놓는다. 비, 바람, 별과 한 십 년 뒤에, 한 십 년쯤 자란 박스 안. '나가고 싶다' 소리친다. 이파리를 무수히 떨어뜨린다. 눈물 소금이 빛났다.

거울 속의 지구

아내의 첫 봄 노랗게 개나리꽃이 온통 피었다가 뚝뚝 지며 선을 그었다. 아침 세상은 온통 선들, 창살이 내린다 벽이 내린다 휠체어를 미는 거울 속, 대문을 나서는 남자의 뒷모습이 언뜻 비치고 홀로 벽을 뚫고 거울 속을 한없이 한없이 굴러갔다. 아내는 지구 전체를 몇 바퀴 돌고 있다

관념의 집
—말세론

이스라엘 사람들이 거대한 관념의 집 두 채를 지어 놓았다. 천당과 지옥의 집. 그들은 자기 종들을 골라서, 선과 악으로 병을 진단하고 집어 넣는다. 어느 날 나는 고개를 갸웃거리다가, “왜 내가 너희들 집으로 가 신세 져? 내 집을 지어 가겠어!” 했다. 이제 노린내가 싫은 된장국들은, ‘선도 악도 없으니’* 좀 멋 없어도 곰집으로 오시오. 다만 관념의 국에 마늘과 쑥만을 넣습니다.

* 선도 악도 없으니 : 無善無惡, 不擇善惡.

노예의 불면不眠

자동음이 뒤통수를 때린다. 불면不眠은 그렇게 시작된다. 오늘 아무 데도 피할 곳은 없다. 전자음을 뚝! 숨죽여 놓고 보면, 나는 꼼짝할 수 없다. 길들여지는 조건반사條件反射의 일상. 경보음은 계속 울리고, 꿈 속 어디선가 도망치다가 도망치다가 눈 뜬다. 무사히 기계들의 반란은 지나갔는데, 나 자동경보의 노예다. 자연인自然人이 되고 싶다.

내있음으로

—해맞이 2000

밤 초침이 가듯
내 있음으로,
웬 그리움 있어
서쪽으로 향해 눕는다.
파도로 향한 내 발목에서
관능의 수없는 세포가 눈 떠
맨 발가락이 간지럽다.
동쪽으로 향해 눕는다.
어느덧 머리맡에 쪽달이 떠
저놈의 비수가 정수리를 겨눈다.
불면의 창가
내 있음으로
그리움의 겨울나무
마른 가지를 기어 가서
부재不在의 잎을 흔든다.

눈총

가로수를 향해서
눈총을 준다.
순간 비유로 선 가로수.
마음 속에서는 화살을 생각한다.
푸드득 푸드득 날기 시작하는
푸른 날개들의 큰 새를 사냥한다.
그러나 화살에 맞는 것은
늘상 죽어 버린 껍데기.
아무리 흔들어 보아도
꿈쩍 않는 껍데기.
그가 머리맡에 와서 나를
기웃거리고 있을 때에
눈이 번쩍 맞아서
비로소 사랑이 된다.

2

꽃! 직관直觀

—딸아, 시를 말하자 · 1

어느 날 정원에서 가위를 들고 나무를 다듬다가, 문득 눈이 맞아서 나무가 꽃이 되어 버리는 것이다. '어? 화단에 서 있는 나무는 나무가 아니라 꽃!' 하고 바로 눈에 보이자, 국어대사전의 견고함이 무너지고 있었다. 눈물이 주룩 쏟아지고 이 날, 나무의 이름이 모두 없어져서 내 앞에 선다.

시탁詩鐸

—딸아, 시를 말하자 · 2

그날, 다른 날과 달리 방에 난향이 은은하고 상쾌한 분위기였는데 깨끗이 정리되어 있었다. 미당은 예를 받고 나서 옷 매무새를 추스르고 염불을 하려는 듯이 목탁木鐸을 집어 치기 시작했다.

'똑 또그르르 똑 또그르르'

목탁 소리가 아주 맑게 방 안을 울리고 밖으로 울려갔다. 그러자 나는 마음 경건히 하여 무슨 독경이나 해 주려니 기다렸는데, 문득 아래층에서 "이예!" 하고 며느님이 올라왔다.

난 어리둥절해 버렸다. 선생님은, "오군이 왔네. 차 가져오게!" 말하고 나서 빙긋 웃고 나를 보며, "오군! 벨소리는 운치도 없고 해서…, 이 소리 참 좋지 않은가?" 했다.

'멍!' 뒤통수를 커다란 솜방망이로 치는 느낌이다. 그렇다! 저 스님이 목탁을 쳐 사람을 부르는구나!

방뇨放尿

—딸아, 시를 말하자 · 3

그날, 미당未堂*은 사봉師峯*의 각별한 부탁도 있고 해서인지 중국 각료를 정중히 맞았다. 만나자마자 의기가 상통했는지 기분이 잘 맞았다. 금시 허물도 없어져서 그 중국 각료와 함께 나들이까지 하는데, 아직도 칙사勅使인 각료는 중국인 묘지에 가서 중화中華의 귀신들을 불러 모아 참배하고 있겠다.

사봉師峯이 그 옆에서 한참 묵념을 하고 있노라니, 쏴아—하는 소리가 나서 눈을 떴다. 미당이 골마릴* 풀고 봉분에 오줌을 갈기고 있겠다. 그러면서 하는 말이, "귀신에게 별 볼 것은 없고…, 보시나 하지. 잔디가 잘 자라게."

* 미당 : 서정주 시인.
* 사봉 : 장순하 시인.
* 골마리 : 허리춤.

질타

—딸아, 시를 말하자 · 4

그날 미당은 꼬장꼬장 서 있다가 이내 여유로운 듯 활개 휘적휘적 바람을 일으키고 있었는데, 좀 직설적인 P시인의 인사를 받았겠다. 예의 미소를 실죽 머금고서, “자네, 잘 있었나. 매년 연하장을 보내 줘서 잘 받고 있네.” 했다. 그가 불쑥 하는 말, “저는 새해 아첨하는 인사를 다니지 않고 더욱 연하장 같은 것은 보내지 않습니다.” 했겠다. 그러자, “그러니까, 자네가 매년 마음으로 보내지 않았던가.” 하고, 활개를 휘휘 젓는다.

미당의 지팡이

—딸아, 시를 말하자 · 5

한 발은 이승 딛고 한 발은 저승 딛고
휘적휘적 가르치는 이승의 말씀과
휘적휘적 가르치는 저승의 말씀
어떤 바람을 일으키고 있을까
이승과 저승 사이를 짚고 가는 지팡이

느닷없이 번개와 비바람 친 새벽에
그 지팡이 어디쯤 서 있을까
이 밤 비를 가리키고 있는가
소리를 가리키고 있는가
멍멍히 뒤통수에서 빗줄기가 긋는다.

청와의 직관直觀

—딸아, 시를 말하자 · 6

하루는 미당의 집을 찾아갔는데 청와*와 동행했다. 한참 직관直觀에 진지하게 설명했다. 그런데 왠지 석연치 않았던지 비스듬 기대어 있다가 벌떡 일어나 앉았다. 아무것도 없는 방바닥을 향해 정색하며 꽃을 보듯 내려다보며 말했다.

"꽃! 하고 보는 거야!"

이 날 이후, 청와는 심각하게 되어 가지고서 돌아가는 길에 코스모스가 피어 하늘거리는 앞에 서서 '꽃!' 하고 내려다보았다.

* 청와靑瓦 : 양준호 시인.

시인의 한 다리 들기

—딸아, 시를 말하자 · 7

특히, 그는 어떤 자조적인 방황이 시작될 때면, 기질의 '끼'를 다스리지 못하고 발산했는데, 가장 친히 지내던 K동인에게

"대가님, 절 받으십시오!"

무슨 이유에서인지 넙죽 절을 했다. 그 자리에 있던 문우들이 웃을 수도 어쩔 수도 없게 했다. 서슴없는, 순박하면서도 감당하기 어려운 이런 기행이 그를 외롭게 만들었다.

그래도 본디부터 타고난 '끼'는 주체할 길 없어서 한잔 술을 하게 되면, 함께 길을 가다가 느닷없이 가로수 위로 올라가서 길 가는 사람들을 내려다보거나, 파출소 앞을 지나가다 벽에 대고 한 다리 들어 오줌을 누곤 했다.

외로운 신생명파

—딸아, 시를 말하자 · 8

어느 날 불쑥! 한 여류 신인新人을 찾아 가서 다짜고짜로 '신생명학파' 하자 한다.

훗날, 반백이 된 모습으로 이야기 중에 "웬 남정네 둘이 찾아와 '초현실' 하자 해서 얼마나 황당했던지. 이제 보니 선생님들이시네. 그 때 좀 요령 있게 말할 것이지." 한다. 한바탕 웃는데, 청와가 멈짓멈짓 주머니 속에서 슬몃 언어의 새 한 마리를 꺼내 날려 놓는다.

또 불쑥 '누구 동인할 사람 없을까.' 한다.

시심천국 · 1

—딸아, 시를 말하자 · 9

저 녹색의 방*, 하늘이 그만 울렁거려 내가 심히 멀미를 앓고 있을 때였다.

"무공해… 포도즙 짜 왔어요 …암에 좋다고들 해요" 하며 Y시인이 이런 꾸밈없는 더듬는 말과 함께 정성스럽게 박스를 내려 놓았는데 혼자 들기에는 좀 무거웠다.

땀이 흠뻑 젖어 있는 것으로 보아 그의 시골 하늘을 울렁이며 포도를 어깨에 메고 온 모양이다. 잠시 말없이 보고 있는 사이, 그는 눈시울을 붉혔다.

아마도 그가 메고 온 하늘이 내 멀미를 대신 앓고 있는 것이려니.

* 녹색의 방 : 수술실(의사들이 녹색 가운을 입는다).

시심천국 · 2
—딸아, 시를 말하자 · 10

하늘의 일로서 악도 없는 선도 없는 하늘의 일로서, 그날 밤 왜 그리 사납게 비바람 몰아쳤던지.

아내는 내일 입원을 한다. / 시詩는 돈이 될 수 없다. / 입원비를 마련치 못하는데 / 아내에게 시를 갖다 주면 / 꽃이 될까 / 아니 될까 / 딸들이 엄마 곁에서 / 풀꽃으로 흐느끼는 온밤.

이렇듯, 사람의 일로서 다만 내가 할 수 있는 시詩를 썼더니, 아침 하늘이 눈시울을 붉히고 있었다.

초승달

—딸아, 시를 말하자 · 11

혼氣이 정화된 초승달
물들지 않은 본래의 순수한 초승달
바로 시심이 회복된 초승달

시심의 회복은 참회

참회하고 있는 밤
바람 슬리는 별의 마음 반짝이고
어둠을 지키고 있다, 칼날처럼.

내 삶이 남산을 보며

—딸아, 시를 말하자 · 12

반짝이는 직선이다
비로소 나에게 긋는,
한 점 불빛이 눈을 뜬다
내 삶이 남산을 보며
눈길 가는 초점 끝에서
비끼어 선 듯이 잠시
언뜻 긋는 직선의 불빛,

별 흐르는 창유리 위로
참회의 눈시울 사이로
맑은 시혼이 반짝인다
마음이 있어 보고자 하는
초점 높이에서 반짝,
직선의 불빛이
남산의 어둠을 긋는다.

파고다 공원

—딸아, 시를 말하자 · 13

숲이 눈이 푸르도록 아름답다
푸른 단어들이 지나간다
거기에는 무수한 삶의 흔들림이 있다
언제부터인가 바람 소리도 소슬하다
그 파란 맑음이 빛깔보다
신선하게 빛나기도 하고,
빛깔 무성히 자라나서
숲이 된다. 사람의 숲,
숲이 떠도는 나를 껴안는다
나의 핏속에서
싱싱한 새들이 날아간다.

* 파고다 공원 : 손병희 선생 동상이 있음.

3

한 점 바람

—딸아, 도를 말하자 · 1

바람과 풀과 내가 서서
바람은 풀을 밀고
풀은 나를 밀고
수수께끼처럼 이루고盛 스러져衰
몸을 바꾸고 나타나는 리듬의
눈 앞의 움직이는 것

바람은 무엇이 되었는가,
한 점 바람을 일으켜 본다.
산다는 것은 순간순간
자연스런 물성物性의 흐름
나는 바람을 밀고
바람은 풀을 민다.

붉게 익은 달
—딸아, 도를 말하자 · 2

청수淸水 속에서 붉게 익은
달을 만난다.
나는 남자로
달은 여자로
만나서 서로 눈부신 응시凝視,
비춰 주는 마음으로
파동하는 리듬으로
한 생명의 우주가 되고,
순수 무구한 달밤
나를 축軸으로 팽팽히
원심력으로 돈다.

무심천無心天

—딸아, 도를 말하자 · 3

바람 끝이 새싹에 차다
층계의 디딤 선을 맑게
스쳐서 내려가면
맑은 소리가 난다.

추워 보이는 어린 선인장
화분 몇 개를 놓고 있다.
무심히 흘러가는
봄의 옷깃을 붙잡는다.
"천원입니다."
"천원입니다."

어린 선인장에
무수히 꽂히는 시선
아픈 가시가 박히고 있다.
봄은 여기에 와서
좀 깊고 맑은 소리가 난다.

영산홍

—딸아, 도를 말하자 · 4

아침 햇살을 모조리 갖다가 피우는 영산홍. 붉고 붉어서 눈이 어리는 영산홍. 꽃잎이 만발하여서 하늘天하늘天* 일렁이고 내가 딸의 키만한 영산홍을 사서 보듬고 걸어가면, 봄의 걸음들이 비끼어 서서 '아아, 붉다. 붉다' 제 혼자 소리친다. 영산홍이 길을 환하게 비춰서 그들에게 인동忍冬의 내 모습 전혀 내보이지 않고 햇살만 부시게 걸어갔다.

* 하늘天하늘天 : 物物天

이른 철쭉

—딸아, 도를 말하자 · 5

눈 뜨는 그믐밤 초생달의 실빛 같은 네 어머니가, 이제 한울을 잘 모시어 꾸무럭한 날이면 영락없이 맑은 눈물의 봄비를 뿌린다. 그래서 내가 이른 철쭉이라도 사다가 방 안 가득 갖다 놓으면 환히 피게 되어 하늘이 맑아진다.

봄비가 아침부터 뿌리는데, "선생님, 저예요"하는 전화 목소리가 청랑하다. 그는 한울을 받들어 먹포도 농사를 짓는 사람으로, 표정을 잘 읽어 내곤 했다. 내가 철쭉을 피우고 경인敬人*하는 모습을 그대로 내보이는 것이, 그를 대하는 상책이라면 상책이었다.

* 경인 : 敬天, 敬人, 敬物 삼경사상의 하나.

머리 두기

—딸아, 도를 말하자 · 6

아내의 아픈 겨울날에
춥게 꽃 핀,
홍화소심 난蘭은
딸에게 눈맞추고
딸의 눈은
제 에미에게 눈맞추고
붉고 붉은 꿈을 꾼다.
섣달 그믐이라
지구 신음도 깊은 밤
쓰겁고 그런 그런
지난 웃풍의 어둠,
줄기에서 쓸어내리고
꿈이 기氣 차도록
동쪽으로 머리를 둔다.

꽃의 바다

—딸아, 도를 말하자 · 7

거울은 아침 햇살이 쏟는
꽃의 바다
한없이 투명하다.
꽃들이 걸어나온다.
환히 어머니의 시와
노란 딸 꽃이 걸어나온다.
설레임 팽팽한 한 가닥
전율이 맑게 지나가
유연히 머리칼을 빗고
잠깐 루즈를 칠하는 꽃
붉은 햇살이 지나간다.
어느 쯤에 멈춰 서서
되돌아보는 너 첫봄
꽃의 바다.

습관천習慣天

—딸아, 도를 말하자 · 8

빛가루 뿌연 하늘
파닥파닥
빛을 때리는 비둘기들이
한 뭉텅이 쏟아내린다.
구질구질 구 구 빗소리
딸아, 이 아침
비둘기의 까만 날개들이
빛을 싣는 상징일 수 없다.
첫눈 뜬 눈빛 시선
모이를 좇아 푸드득 앉아
파닥파닥 기침하는 날갯짓,
몇 발짝씩 물러섰다간
몰려드는 조건반사
한 번 휘— 휘—
해를 보고 떠올랐다가
빛을 때리고
선들이 내려 앉는다.

내 어깨에 놓인 달

—딸아, 도를 말하자 · 9

아내가 두 번째 달덩이*를 낳은 날, 야채시장 난장의 내 작은 어깨에 빛나는 달이 놓인다.

그 날은 두 배쯤의 무게를 짊어졌는데, 노점에 벌려 놓고 보니, 재주껏 상품上品을 구해 왔다는 것이 무며 배추며 양파며…, 속박이를 당했거나 근량이 모자라거나 어느 한 가지든 간에 꼭 한 가지씩은 속게 되어 바가질 쓰게 되고, 꿀 먹은 벙어리의 욕이란 욕은 속으로 다 뇌기 시작한다.

육시랄 놈 개망나니놈 도둑놈…. 놈 놈 놈이란 놈은 다들어 욕하여도 직성이 풀리지 않는다.

폭싹 한숨 꺼지는 나, 어깨에 놓인 달이 참 붉다.

* 달덩이 : 딸을 일컫는 말.

자벌레

—딸아, 도를 말하자 · 10

푸성귀에 자벌레가 간다.

오 · 늘 · 좌 · 판 · 에 · 서 자 · 신 · 과 · 싸 · 울 · 일

그 자벌레의 외로운
행보가 있다. 틀림없이
한 가격을 정하고 나서
값을 내릴까 말까
한닢 기우뚱거림이 있다.
자벌레는 골똘히
의미를 찾지 않는다.

새벽시장

—딸아, 도를 말하자 · 11

광장의 새벽 시장
짐꾸러미를 싸 논 빈 손들이
앉아 귀가 직전에
철새를 날리며 잠시
하얀 이를 드러냈다.

섣달 열나흘쯤의 놓친
동전 같은 달이 웃고 있다.

무형천無形天

—딸아, 도를 말하자 · 12

무형천天의 깊고
캄캄한 그믐에서
참회의 실눈 뜬
초승달의 회복이여.
울어쌓는 참회였나
달은 목소리가 쉬어
바람결 기침하고
어둠을 뚫고 있다. 젖니처럼,
딸아, 네가 따라서 참회하고
삭풍이 따라서 참회하고
잠잠히 실빛 달,
네 어머니의 새싹인가 보다
예지豫知한다. 봄을

달빛 가락지
—딸아, 도를 말하자 · 13

사랑이 다—아 맺어지게 되었다.
옷섶 여는 듯 바람 소리에 끌려서 그만
슬몃 뒤안에 나와 보니
옳—아— 대추나무에다가
꿈틀대는 달빛의
은가락지를 끼웠다.
청수 그릇에 몇 천을 스치는 달
그림자는 시천주侍天主인가, 그대
북두칠성도 거슴츠레
눈을 감겨서 기울였다.
가지 사이로 북풍결이 부스럭댄다.
뒷짐지고 서서 눈빛 그윽이 그 달덩이와
수작을 걸다가 걸다가 그만
옳—아—
내 손가락에다가
달빛의 은가락지를 끼웠느니.

4

때때기의 우화

—타령조, 「살풀이 노래」

요즘 내 이름 신문에 나오면
어쩌나, 심심 파적의 거울로
내 인과를 비춰 볼 일이다.
어쩌나, 한 천년 전쯤인가
'피식 웃는 죄'가 있다.

그게 미묘한 요샛말로서
'나도 순전히 모르는 가운데 일'로서
내가 한창 신선공부 중일 때지.
구만리 장천을 학으로 날아
동진강 상류 학다리에서 한 다릴 들고
막 도통하려는 참인데,

어디서 때때 때때 때때기
방정맞은 꼴의 북새통에
눈을 뜬 것이 하필이면
풀섶의 은밀한 곳.

때때기가 왕치의 등에 탄 걸 보고
왜, 우습던지 피식
웃은 죄가 있었는데,

그걸 연유해서 신선공부 그만
하루 아침에 도중하차 했다.
어쩌나, 요새 내 이름
신문에 크게 나오면
어쩌나, 이 인과의 죄를
이 살을 바빠 풀어야겠는데

천년 한을 품은 때때기
때때기는 곁눈질이 잘 발달된 명수다.
곁눈으로 훔쳐보기
곁눈질로 흘겨보기
훔쳐보고 흘겨보고 나선 뻔뻔하기

때때 때때 때때기
따따 부따 따따부따 소리내며

천방지축 날고 뛰고 자지러지는
이 시대 잠꼬대를 어이 당할꼬
어쩌나, 내 인과의 죄가 내일 아침
신문에 나올려나.

타일tile

한 개의 현대건축 타일
얼굴에 붙기 시작하면서
네모진 각의 인상이 이뤄진다.
각 속에서 답답한 관념의 빛들이
아름답게 되도록 여성적으로 꺾여
이내 둥글게 슬퍼진 뒤에
문득, 컵 속에 쏟아 놓는
빛과 살과 피와 뼈의 건축들
어느 십년 전쯤에 흘겨 논
모습, 누구 각설탕 소리
가만히 모발이 비꼈다.

딸에게 세상 가르치기

—부화부순夫和婦順*

아이야, 세상에서 제일 꽃을 사랑하는 곳, 화란에서 살던 한 시인이 돌아왔다. 반 십년쯤의 만남일 게다. 설레임 같은 긴장이 이는데, 아마 그 곳 아름다운 꽃들의 색깔이며 향기를 옷날개에 묻혔으리라 나는 그리워했다.

문득 앞에 선 시인의 날갯짓이 우리네 쪽빛일까, 그쪽 바다의 깊은 물빛일까, 깊은 맛이 우러나는 남루로 서서 날갯짓을 살랑인다.

그리움을 찾는 내 눈빛이, 외투의 어깻죽지 밑 재봉선의 실밥이 터진 곳을 스치자, '13년 전에 그 양반이 사 준 옷이야, 이 옷만 입으면 좋아해서 계속 입어!'라고 노란 목소리를 내며 황급히 그녀 옷날개를 접는다.

아이야, 이 세상을 살아가는 질문을 면한 나는, 그에게 한 달치 전철표를 사서 쓰면 편하다는 것이며 전철을 타는 법을 알려주고, 손을 흔들고 멍하니 서서 나이 쉰의 머리칼을 날리고, 추억이듯 시인의 날갯짓인 어머니를 본다.

* 부화부순 : 아내는 남편을 하늘처럼 존경하고, 남편은 아내에게 입혀 주고 생산하는 땅처럼 고마워하는 도가완성을 말하는 사상임. 딸이 쓴 「어머니」라는 작품에 대한 화답시.

수심정기守心正氣

대야의 물에 발을 담그고서
눈을 감는다.
마음은 마알간 물 속에 자리하고
관악은 청초하여 깨끗이 비쳤다.
산그림자 언저리쯤에 멈칫멈칫
살 속에 있던 산짐승들이 다가오고
제 얼굴을 물 속에 비쳤다가
소스라쳐서 사라진다.
또, 눈을 감는다.
내 얼굴에 쓴 짐승탈도 보인다.
돌아서는 뒷모습이 슬퍼서 그만
파란 하늘이 쏟아지고 있다.
땡볕에 바람 하나가
잎들을 붙잡고 조금 흔들어 보거나
잠깐 곧바로 세우거나 한다.

범부채꽃

—가리사 수도원

가리, 나를 찾으러
고요하고 고요한 공간에 이르러
거울이듯 환하여 그 속
선연히 또다른 내가 앉아 있다.
왁자히 새 소리 풀벌레 소리
어우러진 속 눈 뜨고
문 밖에 확! 산수화가 선을 그린다.
가까이 다가온 범부채꽃

어머니, 거울이듯 보여
바람을 일으키는 손부채가
선연히 내 앞에 있다.
머리에 열아홉 살 수줍은 듯
연지곤지 반점이 어리어
꽃 족두리를 얹고 있다.
한동안 모습 보이질 않더니
정갈한 이 곳에 와 있다.

논둑을 걸으며
―아버지의 몸짓

저 쌍팔년*쯤인가,
동진강이 큰물 질 때마다
질펀한 배들녘*이 바다다
옹기종기 모인 초가지붕이
두웅 둥 떠 보이고
뽕나무 위에 오른 사람들이
징― 징― 징―
징 소리를 울어댔다.

물이 늘 문제였다.
한천에는 만석보* 물길이
범람하면 큰물이
그 때마다 가슴 퍼렇게 쳐 울어
징 소리 징징 울어대서
배들녘에 눈물 그렁그렁
파랗게 풀 먹은 입술,

독새기풀씨 털어다가 볶는 봄날의
구수한 내음에 허기 돌고

물배를 채우는 푸르른 날,

하늘에 대고 누가

주먹질을 했는가

자운영 그 바람 부드런

아버지의 몸짓이 살아 있다.

* 쌍팔년 : 단기 4288(1955)년 육이오 휴전 후 전란과 흉년으로 초근목피하던 아버지의 세대.
* 배들녘 : 밀물 때 배가 들어왔다는 뜻의 이름(현재 梨坪).
* 만석보 : 고부군수 조병갑이 만석보를 쌓고 그 물세를 받았다. 이것이 화근이 되어 동학혁명이 일어났다.

벽, 멈추어 서 버린 그 곳

—하관*

차마 헤어질 수가 없다.
눈길 꽃상여를 따라가다 따라가다
멈추어 서 버린
그 곳, —싸르륵

첫 흙을 던지는 캄캄한 일순
벽이 보인다.
이승과 저승 사이의 냉정한
벽, —싸르륵! 싸륵! 싸륵!

덮는 핏빛 흙
덮는 눈발
삭풍 소리 억새칼잎 소리 소리란 소리
세상의 차가운 것들
덮어서 쌓여서 솟은
이쁘게 만들어서 더 슬픈 봉분
새삼 보는 벽이다. 벽

더는 따라갈 수가 없고 멈추어

서 버린 그 곳, ―싸륵! 싸륵!
간 발자국을 되밟아서 오는 우리
흰옷 머리 숙여 눈 쌓이고
말들 잃은 채
눈 위에 그린 한 폭 수묵화다.

* 하관 : 모친의 하관식.

서울에 온 춘란

겨울 어머니의 무덤가에서 서울로
포기를 나누어 가져온 춘란
가녀린 굳센 잎을 머리맡의
온 꿈 속까지 드리운다.
참도 답답하게스리 겨울 방에 앉아서
인제 도시 것이 다 되어 가면서
무덤가에 남아 있는 춘란 포기와
어찌 기운이 잘 연결되어 천시天時를 안다.
내 꿈 속 고향에서 뻐꾸기가 울어
그 소리 구성지게 새잎을 휜다.
그것이 꼭 나긋나긋 회초리의 휨이고
초생달이 삐친 그런 기품이 있어
거침없이 어머니가 보내는 기운인갑다.

황토재에서 예감

전라도 황토재에서 억새들은
더벅머리 총각 봉두난발이다.
사내의 밤꽃냄새가 나는 무밭
허연 달이 앉아 있다.

무슨 일이 벌어지고 있군.

예감이 있는 밤마다
흰옷 떨치고서 땅 속까지 보면
달빛이 땅 속까지 잘 비치고
황토 속은 봉선화 꽃물 일색이다

아무래도 일이 벌어지고 있군.

야산 나지막이 서쪽으로 난
고라댕이에 허연 달빛
허벅지가 놓이고
시누대숲이 몸을 떤다.

바깥바람

침략하는 바깥바람이다
펼쳐 든 우리
역사, 넌 순 바깥바람이다
몸으로 바깥바람을 막아서면
얼마나 가리울까
저 식민시대의 세포
염색체 지도는
바깥바람이 흰 순결을 지나간 그 얼룩,
'몽고 반점'
'후지산 원숭이* 후손의 뼈'
'검둥이와 푸른 눈'
이런 몸, 부끄러운 손, 부끄런 펜으로
바깥바람을 막아서면
얼마나 가리울까
문화, 넌 순 바깥바람이다
그 중국말을 잘 하는 이가
그 일본말을 잘 하는 이가
그 미국말을 잘 하는 이가
잘 살았고, 잘 살았고, 잘 살고 있다.

* 후지산 원숭이 : 왜인의 조상을 일컫는 말.

황사 현상

서울은 지금
황사 현상
강하게 견디자고 몇천 몇만
말로써 환자의 머리맡에
영부이듯 심어 논 변산 토종인 춘란春蘭
아주 잘 황사를 견딘다는 춘란
부대끼면서도 선을 흩트리질 않는다
봄기운의 기氣가 차 오른다

봄이 오는데
모두가 소생하며 또 봄이 오는데
애 엄마야, 내가 북풍막이로 서 있곤 하던
창가 벽에는 울울하게 서 있는 나무들,

큰딸애가 입상해 갖다 걸어 논 머리맡의 수채화
아무래도 제 어미 병구완에 지친 나머지
저희 다섯을 저리 그려서 푸르게 세웠다
지금 나는 황사 현상.

삶의 수학

비틀거리지 말자
돌풍이 휩쓸 때에도
나는 수직으로 서야 해
푸른 허공에서 구름 조각에
문득 떠오른 수학선생님은
돌고 도는 단진동의 원리를 말하며
수학은 모든 걸 푼다 했는데 나는
돌고 도는 돈 앞에
비틀거리지 말자 했는데,
어디서 엎드리고 어디서
굴복해야 하는지 모릅니다. 선생님!
왜, 내게 굽히는 법을
가르쳐 주지 않았습니까.

김규화님이 준 펜

마악 철쭉이 얼굴을 내밀 때쯤인데
모진 바깥바람이 뺨을 때리었다.
흙먼지를 뒤집어쓴 그 몰골에서
거침없이 솟아나는 촉인가 보다.
내 참말로 새로이 한밤내 바라보는
여린 듯 아니면 아린 듯 지난 먼 날,
누님의 연초록 풀물 든 거친 손끝
아련 아련히 저려오는 눈물이다.

풀꽃 · 1

아내는 내일 입원을 한다.
시詩는 돈이 될 수 없다.
입원비를 마련치 못하는데
아내에게 시를 갖다주면
꽃이 될까
아니 될까
딸들이 엄마 곁에서
풀꽃으로 흐느끼는 온밤.

풀꽃 · 2

한 마리씩 한 마리씩
칭얼대는 어린 언어들
난을 기르듯이 풀어 놓곤
냉이 달래 진달래 그 봄꽃
피는 황토꽃이 그립고 해서,
잉잉대고 있는 피여 피여
눈물이 다 된 어둠을 껴안아
풀잎 위에다 쓰는 시詩
별빛, 이슬 아롱졌다.

풀꽃 · 3

아내의 무게인 듯
기다림인 듯, 지친 마음인 듯이
풀이 잎을 휘고 있다.
내게로 와서 풀이 되어 준
사랑 한 포기

바라다보면, 초민草民의 마음을
아는 눈치다.

풀꽃 · 4

난을 닮아가는 풀이 있다.
말보다야 몸짓으로
그가 갖다 준 풀 한 포기
내가 볼펜을 놓고 있을 때에
볼펜을 잡으라고
일어서라 일어서라고,
말보다야 풀꽃 침묵의
가장 이쁜 마음으로
갖다 준 풀 한 포기
책상 귀퉁이에다 놓았다.

풀꽃 · 5

내 손으로 무얼 할까나
네 손으로 무얼 할까나
제자를 기르듯이
글자의 토종벌이나 치자
해도 풀어 놀 곳
움막을 찾지 못한다.
전라도 동학쟁이 선조
묘비명이 되지 못한다.
이 땅은 어디
힘차고 성나고 좀 독종인
순수의 토종벌들을
풀어 놀 곳이 없나
뭘 할까나, 우리.

풀꽃 · 6

낙서나 할까나
이 세상 침도 뱉고
술도 먹을까나
낙서 속에서는 뚝 뚝
꽃이 지고 꽃이 피어 마침내
일어서는 내 의식의 토종벌들,
바람, 바람, 바람
촛불을 흔들고 나를 흔들고
풀들은 온통 눈 붙일 수 없나
밤이다, 밤이다
홀로 눈 뜬 밤,
시詩의 싱싱한
토종벌들이 잉잉거린다.

5

새, —판타지 · 1

선달그믐였지. 삼경三更쯤, 먼지도 가라앉히고 슬픔도 가라앉히고 심심히 있다가, 티가 없는 칠칠한 어둠을 빈 독에 담아 두었다.

그 뒤로, 판타지, 그걸 아예 잊고 있다가 한참 봄이 지나고, 또 새들이 우련 슬픈 분홍 분홍 꽃을 떨어뜨리고 나서 단오에 장맛을 보니 칠칠한 어둠이다. 맑아진 어둠이 괴어서 햇—장맛이다.

바람이 흔들고 햇볕이 어르고 심심히 구름이 와서 머물다가 검지손가락으로 쏙 집어넣어 맛을 보고 나서, '왜, 장맛이 싱거?'하고 괜스레 상관하고 간다.

새, ―판타지 · 2

칠칠한 어둠! 판타지의 빈 독에 담은 내 직유는, 물처럼 출렁이다가 눈물이다가 하늘이 비쳐 구름이 지나간다. 우련 슬픈 분홍 분홍의 내 은유는, 간단히 새를 한 마리 날려 버린다. 직선으로 날려 버린다. 그래서 꿈 속이든 꽃 속이든 판타지는 새.

―직유의 '어둠'은 우리 집 장맛이 되고 은유의 '어둠'은 새의 귀가歸家가 되고,

검은 장맛의 관념의 집이나 귀가하는 새의 관념의 집이나 '빛의 없음'으로 '캄캄하다'. 일단 일관一貫하는 담론談論은, 어둠은 '빛이 없음'. 그래서 관념觀念의 '캄캄함'이다.

새, ―판타지 · 3

비 속의 상들리에, 한 여자! 어둠인 비를 맞고 있다. 어? '감각感覺'하는 것이 눈만이 아니다. 찌르르 날아가는 내 '감각'의 새! 말초신경. 그 촉각의 손끝에서는 '캄캄함'의 관념의 헛된 말. 헛되고 무상無常한 말.

―어둠의 꽃, 여자가 움직일 때마다 '감각'은 비에 젖고 있는데, '관념'은 어둠에 젖고 있다. 그래서 말은 무상하고, 내 시는 무상하고 그만 속절없이 웃고,

캄캄할수록 찌르르 선명히 날아가는 내 감각의 새! 말초신경. 그 촉각하고 있는 반응이 물질이다. '어둠'은 물질인가? 찌르르 손끝으로 정전기가 가는 손끝으로 어둠을 닿아 보려고 하면, 아―'공허하다'. 그래서 또 어둠은 '공허함'인가?

새, ―판타지 · 4

직관直觀의 꽃
천수관음이여!
천 개의 손과 그 손에
천 개의 눈을 가진 여자

지금 내 눈 앞에서는…
태초의 '캄캄함'과 '공허함' 속에 한 천 명쯤의 숫총각들이 앉아 있다.(천수千手의 동수同數인 천 명 쯤으로 실감나게 설정해 놓는다.) 그들에게 나는 '소망의 새'라고 하든 '욕망의 새'라고 하든 좀더 철학적으로 '리비도의 새'라고 하든 상관 없이, 상형象形의 '새'를 하나씩 가지고 있도록 '메타포'라는 것을 하나씩 주었다. 그랬더니,

히야!, 천수千手의 조화
천 개의 손으로
천 개의 미끈한 새머리를
한꺼번에 쓰다듬는다.
일시에 '새'들이 고개를 쳐들고
본능의 고개를 쳐들고
생생生生히 팽팽해진다.

그러자, 색色 노랗게 물결치는 동정의
제주도 유채꽃밭
쏟아 놓은 유채꽃밭

"생명은 태초에 '어둠'이었나니"
이른 새벽부터 불연不然 지저귀는
새들의 깨뜨리는 소리에
천 개의 눈視覺을 뜨면
천 개의 형상形象을 표현,
빛 노랗게 직관의 유채꽃밭
아슴프레 쏟아 놓는다.
그래, 그래, 그렇게 되었군 그래

새, ―판타지 · 5

우리의 비무장非武裝 지대
내리는 어둠,
관념의 빛 판타지
붉은 색과 푸른 색과
파스텔이 봄을 쏟아 놓은 그런
새들의 노란색.
병사는 설이 낼 모렌데
얼어붙어 응고되는 어둠,
무차별 총질로 별들
숭숭 구멍이 난 어둠,
초소의 벽 속에서
관념과의 파아란 싸움
그런 아침 빛이 와서
순수純粹 하늘 판타지

도방道房의 내 판타지
집戶에서 산문을 열면
방方과 향向이 열린다.
빛을 쏘아 내고 있는 방향

몇 마리 새의 머리 쏜쌀같이
허공을 겨누고
날카롭게 처박히고 있다.
능선에 늘어선
어둠의 상형문자象形文字
나무들이 위태롭다.
아슴프레 저들 있음이
문을 열면 우르르 몰린다.

새, ―판타지 · 6

어둠을 저만치
샘물 소리나 새 소리 속에 놓아 두고서
맨발로 서 본다. 흙을 밟고서
맨발로 서 본다. 어머니의
봄 젖가슴 뭉클한 살.
그 흙을 밟고서
드디어, 흙이여! 하고
어머니를 만난다.
상형象形을 키우는 흙,

흙의 '어둠'
꽃의 뒤를 따라가다 그만
서 버린 그 곳 흙의 '어둠'
싸르륵 흙을 던지고
더는 따라갈 수 없는 그
씨를 덮는 흙의 '어둠'
벽이었다. 캄캄한
이승과 저승 사이의 벽,

노오란(또는 깨달음) 꽃을 흔들고. 가냘픈 민들레가 콘크리트 벽 틈에서 '뿌리'를 내리고 있다(여기서 '부리'라고 하는 원관념을 쓴다). 그 상형象形의 '부리'는 벽을 깨부수고…. '간지러워요' 서로 속삭이고 있다. '내가 벽이다. 소생하라. 새여!' 나직이 뇌면서….

내가 벽인가?

고정관념

—시로 쓰는 시작론 · 1

고정관념의 대표 선수
신神은 시인 앞에 오면
한 낱의 낱말이다
시인은 낱말을
죽이고 또 창조한다.

부서진 이미지의 조각

—시로 쓰는 시작론 · 2

아스팔트 위에서
유리, 산산이 깨어진
아침 햇살이 찬란하다.
아니, 아침의 풍경들이
산산이 깨뜨려진다.
수많은 유리조각 하나 하나마다
온전하고 현란한
하늘이 들어가 있다.
—꽤 오랫동안
유리 조각들을 들여다보고

부서진 유리의 이미지 조각들을
창틀에다 짜맞추어 본다.
실제로 셀로판지를
구겼다 접었다 쫙 펴듯이 한다.
그 때마다 비쳐서
움직이는 사물의 모습
유리를 통해서 투시된
구겨서 버리는 내면,

—두 개의 생각이 반복하여
쫓기고 쫓는다.

감각 여행

—시로 쓰는 시작론 · 3

자—, 자세를 가다듬고 눈을 감는다
편안히 호흡을 고른다
깊이 숨을 들이 마신 후에
아랫배에 지그시 힘을 모은다. 그리고
천천히 천천히 숨을 쉰다
1초, 2초, 3초,…
이제 감각여행을 떠난다. 태양!
태양을 마음에 그린다
태양을 향해서 몸이 둥둥 떠간다
경비행기 속도로 간다
빛의 속도로 간다고 생각한다
1초, 2초, 3초,…
태양! 태양이다
느껴 본다. …뜨겁다 …탄다 …눈을 뜬다

우주 유영遊泳

—시로 쓰는 시작론 · 4

지구 밖의 한 점에서 보자
지구의 자전에 따라서
낮에 서 있던 나무가
밤에는 처박히는 모습이 된다
어둠 속에 산발한 잎들
느낌을 움직여 보자
"자, 나무를 눈 앞에 떠 올리시오!"
"빙글 움직인다, 밤!"
"빙글 움직인다, 낮!"

직관지直觀知
—시로 쓰는 시작론 · 5

"꽃을 하나하나 분해하시오!"
"눈을 맞추시오!"
되도록 자세하게 분해하며
부분부분을 보도록 한다.
"쓰레기통에 버리시오!"
해서 모두 쓰레기로 만들어 버린다.
그러면 꽃은 없게 되고
눈 맞춘 느낌만 있게 되고,
그 후 그 느낌을 그대로
필름을 거꾸로 돌리듯이
꽃잎이며 수술이며 자유로이
마음 속에 그래서 핀
마음의 꽃.

의식의 불빛

—시로 쓰는 시작론 · 6

낮에는 건물의 분명한 외형
선명히 강한 느낌을 나타내다가
밤이 되면 모든 윤곽은 사라지고
다만 의식의 불빛이 빛난다.
이 때 내부가 환희처럼
드러나 보인다.
내부가 환히 드러나 본질이 보인다.
빛에 의해 형상이 보이던 꽃
모습이 몽롱히 사라지면
형체가 없는 무형한 꽃
생명의 본질이 움직인다.

탈관념脫觀念
—시로 쓰는 시작론 · 7

살포시 눈을 감으면 좋다
마음 속으로 눈 앞에
깨끗하고 가장 아름다운 공을
상상해서 그린다
공을 튀기어 본다
공이 점점 높이 튀어 오르도록 한다
그래서 천장도 뚫고 올라가서
하늘 높이 튀어 오른다
이렇게 튀는 상상을 반복해서
파란 하늘까지
튀어 오르게 하여
발로서 박힐 때까지 계속한다
이런 일을 반복한다
심상이 관념의 벽인 천장도 뚫고 나서
중력의 아무런 관계 없이
눈을 떠 본다. 컵이며 휴지며
모든 사물이 뜬다.

마음에 비치는 언어
—시로 쓰는 시작론 · 8

눈을 감고 있는
명상하는 배경이
수묵화처럼 펼친다
조선의 여인이 앉아 있듯, 달 기울고
싸락눈 북새치고
외로운 개가 깨어 짖는다
그토록 시간이 가고
푸르도록 바라본 세월이었을까
가끔은 눈물도 찍어 내는
그 자신을
애틋이 직관하기도 한다.

마음이 물을 보면 물

—시로 쓰는 시작론 · 9

마음은 원래 비어 형상이 없고
마음으로 보고 느끼는 것들
만상萬象이 있게 된다
마음이 물을 보면 물이 되고
바람을 보면 바람이 된다
내 손에 꽃을 들고 있을 때
마음이 화병이면 꽃이 된다
꽃은 마음의 질서이다
몸을 이루고 있는 성품이
작용하는 느낌이다
질서는 성품이 투사된 느낌이다.

시인의 화두
—시로 쓰는 시작론 · 10

'꽃!'하고 오직 집중이다.
스님이 화두를 가지고
혜안慧眼을 열어가듯
눈을 감고 있노라면
마음 속에서 거품이 올라오듯
잠재해 있던 느낌
꽃들이 떠오른다.
끝내는 아무 생각도 없이
맑게 되어 어느덧 그
마음도 맑아 투명하다.

우주는 생명체

—시로 쓰는 시작론 · 11

육신에 마음이 있듯
나와 우주는 전체가
하나의 생명체로서
우주에도 마음이 있으니
그 마음이 신이다. 그러니
곧 내 마음이 신이요
신의 마음이 내 마음이다.
마음이 흐트러지면
신도 흐트러진다

시와 인간

Ⅰ.

「너는 나에게 나는 너에게」 서로 개체 사이에 존재의 '의미가 되고 싶다'고 한 '꽃'의 싯귀가 황홀하게 다가왔다.

문단에 갓나온 그 무렵 나는, 평등이라든가 공존共存 등의 존재存在의 언어에 무척 매료되고 있었고, '나'와 '너'사이에 이루어지고 있는 '인간人間', 그리고 그 '인성人性'에 관심을 기울이고 있었다.

그러나 인간적인 삶의 현실 앞에 이르러서 늘 막연하고 절망했다. 나는 속절없이 시간을 보내고 까맣게 그저 무심하게 잊고 지냈는데, 정말 내가 고통스런 순간—'나와 아내'라는 두 개체 사이에 이루고 있는 인간人間, 그 삶의 현실 앞에서 꽃이 존재의 어떤 의미를 가지고 나타났다.

나는 이렇게 일기로 남기고 있다.

그날이었다. "살려주세요!"하고 아내가 마비된 몸도 아랑곳없이 날아가듯 의사의 무릎에 매달렸을 때에 나는 '멍'하니 충격을 받고 멍멍히 얼어 붙어 버렸다. 서서히 정신을 차리고 나니, 주위의 사물들—꽃 사람들이 전혀 낯설게 앞에 서 있었다. 아니 가족들의 시선이 모두 나를 주시하고 나는 오랜 동안 꿈꾸던 시혼詩魂이 퍼뜩 잠이라도 깬듯 절박한 현실에 와 있었다. "살려주세요!" 나는 시천주侍天主를 찾는다.

그때 아내를 입원시키려 하니 큰돈이 없었다. 나 스스로 자신에게 속으로 외치고 있었다. '나란 아내에게 무엇인가?','시詩에 매달려서 허송한 세월, 지금 무명(無名)의 나, 시(詩)는 아내에게 무엇이 된다는 말인가?' 이런 의문과 자성自省으로 뼈 아픈 밤에, 회의와 자책으로 참회하며 아내와 고통을 같이 하였다. 비로소 '아내와 나'라는 '인간'의 '틀'이 무엇인가를 어렴풋이 깨달아가기 시작했다.

Ⅱ.

그렇게 시작된 인고의 세월, 잊을 수 없는 체험들이 많다. 「끈」이라고 하여 당시의 체험을 메모한 내용은 이러했다.

①

그해 이른 봄, 꼼짝 못하고 누워 있는 아내. 신경외과 인턴들이 바늘로 꾹! 꾹! 허벅지며 발가락을 찔러 보고 나서, 고개를 갸웃거리고 나도 따라 고개를 갸웃거리고. 창으로 햇살이 내려와서 꽃을 기어가면 내 시선도 따라 기어가고. 아주 밝게 발가락을 비추고 있을 때 아, 엄지발가락이 '까닥'했다. 봄은 내내 잔인했다. 신경외과의 큰 벽거울은 꽃과 아내에게 꼼짝 못하는 몸을 모두 보여 주고 있었다.

②

병상 아래 누워 눈을 부비고 있다. 잠에 떨어지면, 그만 아침까지

골아 떨어지면, 어쩌나 불안처럼 아침 홑이불이 흥건히 오물로 질퍽해진다. 그날 내 비위가 역한다. 슬픔도 역한다. 역할 것이 다 역하고 그런 어느날 통쾌감이 찾아왔다. 옷을 깨끗이 갈아 입히며 통쾌하다, 구린내가 된장찌개처럼 구수하게 풍긴다. 그런날 눈을 부비고 있는 밤, 병상의 위와 아래의 사이 먼 공간이 계속 불안하다. 아내의 손과 내 손에 끈을 묶어 놓자 안심이 된다. 묶어 놓임으로써 드디어 편안한 안식이 온다. 아내와 나 사이 "인간이여!" 끌어올리는 끈에 안식이 매달려 있다.

Ⅲ

'인간이여! 끌어 올리는 끈에 안식安息이 매달려 있다.' 이 깨달음은 나의 시에 커다란 변화를 가져 온다.

아픈 체험으로 깨닫게 된 이 '인간의 틀'은 '끈'을 발견함으로써 분명해진다. 병상의 아내와 내가 손에 끈을 묶어 놓고서 아내가 필요할 때에 잡아끌면 그만이었다. 모든 것이 해결되었다. 그래서 마음 놓고 참으로 편안한 단잠의 안식에 들 수 있었다.

이렇듯 '인간'은 바로 '인륜의 끈'이라 할까 보이지 않는 '어떤 끈'으로 묶이어 있다. 그래서 안식이 있고 순천順天이 있고 개체가 하나로 귀일歸一할 수 있다. 특히 「풀꽃을 위하여」라는 시들은 꽃이 존재의 이러한 어떤 의미를 가지고 나타났다(풀꽃, 1)

> 아내는 내일 입원을 한다 / 시詩는 돈이 될 수 없다 / 입원비를 마련치 못하는데 / 아내에게 시를 갖다 주면 / 꽃이 될까 / 아니 될까 / 딸들이 엄마 곁에서 / 풀꽃으로 흐느끼는 온밤.

이렇듯 '풀꽃'으로 표현된 딸은 '아내와 나'사이에 '인륜의 끈'으로 존재한다. 여기에서 천심天心으로 부모를 생각하는 흐느끼는 딸을 가운데 두고 있다.

돈이 필요한 '병든 아내'와 시밖에 쓸 수 없는 '시심詩心의 남편' 이 두 개체간의 벽, 괴리乖離의 현실을 앞에 둔다. 여기에서 시인은 아내에게 시를 갖다 주면 「꽃이 될까, 아니 될까」라는 시詩에 대한 절정의 화두에 이르게 되는데, 현실적 효용상으로 두 개체 사이에서 시가 '꽃'이 되어 그 괴리를 전혀 승화시킬 것 같지 않다.

그러나 시를 읽어 주고 딸과 아내가 감동한 천심이 흐느끼는 온 밤이다. 시심詩心은 곧 천심(天心)이 되어 딸과 아내와 모두가 하나로 귀일歸一(동귀일체同歸一體) 된다. 그래서 시의 마음이 시심천국을 이루어 귀일의 극치를 이루는 순간이며 영원한 감동의 순간이었다.

Ⅳ.

나는 시를 말하고 도道를 말한다. 그러나 말로서는 부질없고 느낌만 있는 것 같다. 도와 관계되는 시들을 독자의 눈과 마음에 고스란히 맡겨 두며, 안수환시인의 월평을 붙여둔다.

*

시인은 어디서 오는가

안 수 환

나는 오진현吳鎭賢(필명 오남구吳南鷗)의 다음과 같은 놀라운 싯귀에서 우주를 느낀다.

i) 어린 선인장에

무수히 꽂히는 시선
아픈 가시가 박히고 있다.
봄은 여기에 와서
좀 깊고 맑은 소리가 난다.

ii) 달은 목소리가 쉬어
바람결 기침하고
어둠을 뚫고 있다. 젖니처럼,
딸아 네가 따라서 참회하고
삭풍이 따라서 참회하고
잠잠히 실빛 달.
네 어머니의 새싹인가 보다

i)은 「무심천無心天」의 끝부분이고, ii)는 「무형천無形天」의 중간 부분이다.

『장자莊子』의 「천도天道」편에서 벌써 장자는 무심·무형을 상常으로 잡아 제 스스로 움직여 자적할 수 있는 세계를 이야기 했다. 그는 노자의 말을 빌어 말하기를, 대저 도라고 하는 것은 끝도 없이 큰 것이거나 하염없이 극미한 것이거나를 막론하고 어디든지 들어가는 것이므로 이에 만물이 제 모습을 갖추고 있는 것이다(夫道於大不終 於小不遺 故萬物備).

제 스스로 그렇게 막힘없는 지극을 끌어안고 있는 세계라고 한다면, 이를 바라보는 시인의 응시 속에 무슨 마음과 무슨 형상이 눈에 밟히겠는가. 무궁·무간을 오고가는 숨결일진대, 그것이 선인장 가시에서면 어떻고 삭풍을 짓이기며 울고 있는 달빛에서면 어떠라. 근본을 보면 i)의 상처와 ii)의 참회는 둘이 아닌 우주적 본성의 말미라는 점이 드러난다.

吳鎭賢이 딸을 데리고 도를 말하려는 까닭은, 그러기에 그것이 무슨 허공 가운데 녹아든 무위 적막에 대한 탐구가 아닌 이상 단 한 줄기의 목마름으로 솟구치는 천지의 거울, 즉 생명에 관한 찬미 이외에 다른 것이 묻어 있지 않다.

예컨대 꽃 한 송이를 바라볼 때에도 시인은 거기서 노란 딸 꽃이 걸어나오는 전율을 느끼며(「꽃의 바다」), 심지어는 물물物物마다 그것들이 모두 하늘이라고 하는 (「영산홍」) 눈부신 생명의식에 몸을 낮춘다. 吳鎭賢의 탁월한 개안은 그러나 노장적 취의를 담은 언표로 확대되기보다는 도리어 가없는 생명의 밑변을 굽어보는 미덕에 의해 강화될 따름이다. 한편, 그의 다른 시 「한 점 바람」을 읽어 보면;

iii) 바람과 풀과 내가 서서
바람은 풀을 밀고
풀은 나를 밀고
수수께끼처럼 이루고[盛] 스러져[衰]
몸을 바꾸고 나타나는 리듬의
눈 앞의 움직이는 것

바람은 무엇이 되었는가,
한 점 바람을 일으켜 본다
산다는 것은 순간순간
자연스런 물성物性의 흐름

나는 바람을 밀고
바람은 풀을 민다

이렇게, 자연은 '물성物性의 흐름' 또는 '몸을 바꾸고 나타나는 리듬'의 빈틈없는 도식으로 정론화되어 있다. 삶의 운행질서에 살을 붙이고 정기를 불어 넣어 그것을 표상화하고자 할 때는 이른바 그에 준거하는 어떤 사상적인 추론 따위를 먼저 제외시켜야 할 것이다.

그렇지 않으면 '밀고' '움직이고' '일으키는' 순환이 있더라도 바람과 풀과 나는 자연상의 동위부로 결착된 채 그곳에서 시인은 하릴없이 자족할 것이기 때문이다. 그저 부허浮虛한 움직임을 보일 뿐. 시는 그러므로 어떠한 정론으로부터도 자유로운 반역이 되어야 한다.

그렇다면 i)과 ii)가 보여주는 시적 표현의 완숙미로 돌아가 보자. 장자의 말이 아니어도, 저와 같은 시인의 체온이 우주적인 형상과 만나 교감할 때는 아득한 천지의 활동까지도 저절로 그의 품속으로 들어와 무르녹지 않겠는가. 그러기에 봄은 선인장 가시에 와 박혀 맑은 소리를 내고 있으며(i), 어둠을 뚫고 지나가는 달 앞에서 삭풍은 또 참회하고 있는(ii) 것이다. 이 천지의 화답은 그런데 '어머니의 새싹', 즉 생명을 담은 처소로 귀환하는 기쁨 이외에 다른 것을 말하지 않는다. 吳鎭賢 문학의 겸허일 것이다.

오남구吳南鷗

(『시문학』 2000. 3월호에서)

제3시집

탈관념

(1988. 11. 글나무)

시집 <탈관념> 차례

* 원본에 수록된 시들은 일부 수정하여 전집에 수록하였음.

1

대수리大水里로 가는 달

아리랑 아리랑
하얀 공이 넘어간다.
할아버지의 그
할아버지의
슬프지 않는 지긋이 놓인
얼굴처럼 능선

ㄱㄴㄷㄹ…, 고라실의 황톳길
수묵 속처럼 아리랑 아리랑
하얀 공이 넘어간다.
가랑잎이 울고
몽리답 농로農路가 반짝이며
동진강 물결 푸른
저문 숫구지를 건너

동양척식주식회사의—소작농 할아버지의—아버지의
논배미를 가면

객토 붉은 흙
펄럭이는 깃발처럼 얼굴

대수리로 가는 달
달빛이 흘러서
수로를 아리랑 아리랑
하얀 공이 넘어간다.

봄동

바람이 불면 바람에
눈이 오면 눈에
ㄱ ㄴ ㅅ 겨울 기러기들
꿩들 토끼들 멧돼지들 독감들
푸성귀는 휘파람을 불고
바람이 가고 눈이 가고
독감이 가고 꽃뱀이 가고
두엇 별 가고 꽃아, 꽃아, 꽃아
다이아몬드보다 단단한
꽃아 피어라, 푸성귀!
바람이 불면 바람에
눈이 오면 눈에

어머님 전 상서

봄갈이 볍씨도 뿌리고 내 피랑
새들도 제 피가 무서운 날에
무르팍을 깨고 다리를 꼬부린 모양
황톳길이 섯다배기*에서 선붉다.
어머닌 말이 없다.
새 소리도 쓸 데 없다.
유채꽃 그냥 온몸으로 몸짓을 하고
읍내 버스 꿈틀꿈틀 사라지는 뒤에 섰다.
맑은 물 떠서 받들었지, 슬픈 낭자머리
북두칠성이 도는 샘가에 어머니
"어머님 전 상서—사람을 하늘같이
섬겨서 칼을 버립니다.
술을 버립니다."
라고 참회하던 노란 눈물로
술 먹는 무서운 내 피랑
유채꽃같이 그냥 몸짓을 하고
우—섯다배기에 일어섰다.

* 섯다배기 : 사람들이 배웅하거나 망을 보았던 곳. 시위를 하던 때 어머니가 배웅하던 언덕배기다.

보름마다 가는 달

시골엔 어매가 앉것다.
장지문을 열어 놓고서
떠오른 달만 떠올라
떠오른 달만 보고
서울로 간 자식 생각만
더욱 생각만 무럭무럭 자라고
보름마다 깨끗한
큰 달로 앉것다.

내가 빈 들녘의 허공쯤에
몇 마리 남쪽으로 가는 기러기
며칠씩 날려 놓고 나면
어매는 수묵의
창대숲 달을 내어 밀듯이
바람 모든 까마귀 같은 자식 생각에
첫새벽 동진강 가에
가는 달로 앉것다.

귀성길

싸락눈이 내려 빗금을 긋는다.
앞이 흐렸다가 개었다가
풍경은 순수하였다.
빗금을 꺾어서 풍경 속을
식솔들을 데리고 가면
내 몰골이 풍경 속에 놓이고
북풍이 칼바람을 불고 있는
뙈밭머리쯤에 가서
소울음을 냈다.
소처럼 살렸다만
흙을 갈아 살렸다만
유방의 산이 보인다만
앞이 개었다가 흐렸다가
싸락눈이 내려 빗금을 긋는다.
얼굴을 때리고 있다.

이런 밤은

달빛과 눈물은
흰옷을 입자
황토마루* 바람 떨쳐 가는데
달빛과 무리진 메밀꽃은
흰 옷이듯 신선하고

점, 점, 점점이 점지해 놓아
엎드려 사는 농가들
망월이 튀어 오른다.
이런 밤은 주문을 읊어
숭숭 뚫린 하늘에서 쏴—아 하고
쏘아내리는 별빛 화살

길은 굽혀서 고부*로 가는데
솔밭머리 도리깨명당* 주막터
조소리*에서 오는 기침소리
억새에서 오는 칼 가는 소리
소리소리 가만 가만
사발통문이 돈다.

그 옛 음산한 피리 소리 남사당패의
돌개바람이 돌면
황토마룻길은 눈물
흰옷을 입자
달빛과 메밀꽃은

* 황토마루 : 황토재로 가는 길.
* 고부 : 조병갑이 있던 고부군의 이름.
* 도리깨명당 : 고부에서 한양 가는 길목에 있던 주막터. 조소리 옆에 있음. 현재는 폐허.
* 조소리 : 전봉준의 고택이 있는 마을.

논보리

새해에는 눈을 먹자.
잠 속에서는 늘 세상보다
새하얀 눈이 내리는, 눈
눈은 내려서 기침소리
한 자락 홑이불을 덮어 주고
청보리들의 논에서는 세상보다
새하얀 눈이 내리는, 눈
새해에는 눈을 먹자.
봄동, 어린 것들 잠을 덮어 주고 달빛
덮어 주는 것들 세상은 눈, 눈
잠 속에서는 달빛 소금이 되고
반짝이고 반짝이는 잠, 세상보다
새하얀 눈
새해에는 눈을 먹자.
내려서 쌓여서 덮어 반짝임도
덮어 또 순백을 덮는 눈
반짝이거나 눈물나거나
발자국 찍기
새해에는 눈을 먹자.

논 불

동진강 가에 손 담그고 말 건네어
거울 같은 봄, 물돌 어루만지듯
이른 봄 감기 앓는 끙—끙— 버들강아지
아슴아슴 배들녘의 아지랑이
…… 논 불 붙다

되돌아 서서 말 건네어
지붕만 떠돌고 있는 농가들
짐짓, 꽃뱀 같은 호남선 낮열차의
꽃네야 너 자운영 꽃봉오리로
서울로 오명가명 각씨방 술이나 팔고
흰 뼈 돌아올 꽃밭동…,

말 건네어 물살 저어
말로도 노래로도 울음만 울음만 나오는
불 붙다가 단비 내리고 흐르는 봇물 소리
파릇 얼굴 어리우는 만석보
어져—어저어—
들빛 쌓였다가 내뿜는다. 동진강 가

동진나루

강을 미는 꽃 댓잎이 비치듯
바위 속을 가는 꽃을 위하여

해돋이 짙푸른 잔솔나무 떼가
줄달음치는 산등성이 계곡에

한 삼삭*을 넘치는 청수그릇
하루를 돌아갔다가 오는 꽃

* 삼삭 : 석 달

주병매화설酒甁梅花說

먼 하늘이 쓸렸어 슬픈 목을 빼어 놓다
연연한 청 모시치마 위의 작은 어깨 빗어내
새벽녘 별들 박아 섬섬 여명 벗기는 아침,
기침소리 울려올까 몰라 청청靑靑
노송 빚어 매화등걸 꽃 피었다
천년의 솔바람 소리 향을 담아 두려니.

걸궁
—걸궁 · 1

사물놀이 거나히 취해 잡은 저 덕팔이
짐짓, 억새로 묶어 만든 상쇠머리 끄덕끄덕
저 칠성이 헌 밀짚모자에 맨 비닐끈을 빙글빙글
왁자히, 꽹과리 소리 장고 소리 징 소리

얼쑤얼쑤 동천洞天 거리 줄을 지어 섰것다
주인, 주인, 문 여소, 나그네 손님 들어가오. 어허라 지신아! 복—들—어—가—오
토박이 이장어른 덕담하고 울음인 듯 웃음인 듯 시침이 딱 떼고 담배밭 황토 비닐 간대 끝 펄럭이며 이 빠진 볼이 움푹! 솥 검뎅 칠했것다,
신명나, 끄덕끄덕 빙글빙글 덕팔이와 칠성이

마당을 돌고 나면 부엌 돌고 장광 돌고
마을금고 추렴액 받아 적고 밤 이슥
서리서리 밟아서 돌고 나면
달무리, 눈물이 왈칵 망월 얼굴 삼삼타.

화투놀이

—걸궁 · 2

일삼아 명절에나 고향에 온다 우리
얼쑤얼쑤 어깨춤 뒤를 따라 도는 외롬
그 옛적 얼굴들이 떠 보름달이 기운다.

하나, 둘
회관 마당
댓불 피고 흩어가고
꽃네는 명동마담 보름달로 떴당께로
소문나는 이밤사 눈썹이 휠라 잉
희번이 날 밤 세우고 고도리나 쳐볼래.

아버님 말씀
—걸궁 · 3

둥글둥글 무리 말여 저거 천돌 보랑께

모진 데 읎지 그랴 우러보면 볼수록 가슴으로 우러보면 볼수록 한읎이 크쟌느냐

네 가슴에 무릴 모셔 네 식구가 무릴 모셔 이웃이 무릴 모심 그게 지상천국이다. 저게 바로 한울여 둥글둥글

아버님, 달맞이 말씀 눈물 쥐불 돕니다.

망월
—걸궁 · 4

망월 보아 망월 보아 저리 달무리지면
복무리지 양념딸을 시집보내는 꽃무리지
첫 우물을 떠오는 새각시가 첫복을 떠오고 받쳐든 그릇 철철 달무리가 넘치고
고샅에 복조리 사시오 설핏 새벽 외친다

싸락눈

—걸궁 · 5

설 지나 우는 바람 불, 불, 불 윗방을 채운다.

객지 가족 한 자리에 모일라 치면 그 위선 바람, 탐욕 바람, 종교 바람

바람 바람 돌풍 되어 그 중에도 기독 바람 꼴 방정맞게시리 싸탄! 싸탄! 차례상의 머릴 돌고

정이월, 싹 싸락 싸락 문살 때려 싸락눈.

불불효효

–걸궁 · 6

시–천–주, 씨–천–주 주문 외는 다박솔의 시옷소리 살 깎는 듯 써걱이어 소리 내는 아버지가

"정신든 놈 읎당께로… 시侍이–시" 한숨 소리, 불– 불– 효– 효– 촛불 타고

청숫상 외롬 우르르 강물 소리 내린다

천 사발의 물 소리

—걸궁 · 7

이 청수 말이지요. 그 받들음 말이지요.

천 사발쯤 물 소릴 받들면요, 구름 소리 천둥 소리 봇물 소리 천 길의 땅밑 소리 뛰는 붉은 피 소리를 듣는 그런

천돌요, 누가 안당가요 깊이 울린 소릴요.

아버님 전 상서

—걸궁 · 8

동학의 풀잎소리 그 눈물진 들녘으로

시방, 촛불 켜는 매운밤* 서정의 새 바람으로 날려 보고 구름으로 날려 보고

언어들을 쏟아부어 그 한창의 못비로 뻐꾸기 소리로 울어대고 세상의 재채기를 쏟히고

시방 난, 죄인입니다. 고부 동학 후예요

* 매운 밤 : 최루탄 가스로 매운 밤.

산은 산을 보고

1

산은 산을 보겄다
노래를 부를 산아
산은 산을 보겄다
팔을 괴고 있는 산아
내 산은
이승 비껴 가는
꽃이 되어 간 산아.

2

산 산은 새 얼굴로
마주하고 앉으면서
아침 청대밭은
기침소리가 크시면서
꽃 되기 분홍다홍으로
말간 해가 살겄다.

3

온 벼들은 손잡아

강—강—술래에
술래 술래 술래에
꽃이 피고 달 되면
술래는 누님 비치듯
가을강에 서 있다.

4

산 산은 산꿩 치고
북풍에 끄륵끄륵
오매, 남쪽 구백 리에
연지 곤지 색시달
삼삭에 몸을 씻고서
돌아오는 청산아.

2

내가 구겨서 버린 바다

전라도의 언어를 뿌린다
반짝이는 것들은 반짝이게
놔 두고 해는 수평선
눈썹 위에서 불을 지르고
아랫도리 벌겋게 순수
섬들이 미친다.
소금내 아직 완강히 버티는
벼랑가 꽃잎 태공들의 손에
팔딱이다가 해가 쏙 빠져
물고기들이 눈을 부릅뜨고
보는 바닷속은 불밭
생각이 없는 돌을 집어
던져서 수정 속의 바다
진주가 될까, 아닐까
머리를 부딪는 언어들이
잔잔히 울음이 되어 주름진다,
내가 구겨서 버린 바다.

자, 통과 내 손에 꽃을 들고 있을 때

자, 통과! 내 손에 꽃을 들고 있을 때
홀로 열심히 땀을 흘리고 있는 꽃
번쩍번쩍 별들도 스치고
이따금씩 일상의 슬픔도 죽는다.
죽어 가는 것들이 다 죽고
봄날 왁자하게 피는 꽃
아침마다 개벽하고 개벽한다.
강물 굽이굽이 눈을 떠 바라보면
손금을 보아 운수 좋은 날에
꽃들의 동굴이 보이고 피리 소리가 났다.

하섬에 가면

바닷가에 나의 까만
몸뚱이가 누워서
뼈가 환히 비치도록 씻자
모래알과 모래알이 울고
파르르 떠는 해안선,
이만치서 소라며 굴이며 껍데기들이
피릿소리를 무수히 내고
바람은 고군산 열도에서 온다
통 통 통통통……,
통통 뱃소리가 자정을 넘곤
통통 뱃소리에 내가 끌리어서 가다
홀로 바다 한가운데 눕고
무섭다, 잘 비치는 바다
비늘들을 세우고 반짝이는
바라보는 별의 보석 바다
죄가 보이는
하섬에 가면.

종묘 광장 앞에 와서

종로의 비가 추적추적
한 마리 현대어의 길―짐―승
발길을 풀어 놓는다.
광장 앞에 와서 우물 속을 들여다보고
우물 속에는 낙엽과
한 개 현대어의 짐승 얼굴
현대어들이 뚝! 뚝! 떨어진다.
종로의 비가 추적추적 눈썹을 때리어
발바닥에서 눈썹 끝까지
담장 청기와를 돌아서
돌아서 오는 달조각 같은
푸르름 차오르고 차오른다.
핏속에서 잉잉거리고 바람 소리
울어 한 마리 현대어의 짐승
울음소릴 낸다.

달맞이
—데몬스트레이션

1

공이 뛴다

점점 높이 뛴다

점점 더 높이 뛴다

빌딩 콘크리트를 뚫고 공은 온전하고 깨끗이 뛴다

파란 하늘이 젖어 내리고 젖어 내리고 별이 된다.

2

공이 뛰어간다

집 밖으로 뛰어간다

퐁 퐁 퐁 가로수를 심고 간다

대낮 어린이 놀이터에서 심심하다

햇빛이 폭포수로 쏟아내리고 퐁퐁퐁퐁 계단을 올라갔다

퐁퐁퐁퐁 내려온다.

3

공이 자유自由롭다

횡단보도에 매끄럽게 섰다가 파란불을 보고 지나간다

하나하나 가로등에 황혼黃昏의 공을 놓는다

잘 익은 공이 가슴마다 박힌다
길이 향기롭다.

인공위성

먼 고향을 그리워하여 쏘아올린 것은
한 알의 아름다운 사과였다

자연은 꽃들을 피워서 뿌리고
봄부터 보이지 않는 손으로
빚어서 아름다운 열량의 사과
$6{,}673 \times 10^{-11}\ \mathrm{Nm^2/kg^2}$

바람 흔들림 없이 자연의 손으로
떨어뜨려서 아름다운 운동의 사과

—신神은 아니다. 바람도 아니며 새도 아니며 벌레도 아니며 … 직선운동의 사과가 노을에 물들이고 스스로 흔드는 나무의 몸짓이었을까, 아니다. 아니다를 말할 수 있는 뉴턴이 신을 무너뜨린 진실의 힘
$6{,}673 \times 10^{-11}\ \mathrm{Nm^2/kg^2}$

오늘 밤도 하늘에는 성좌가 움직인다.

죄가 없는 돌

시 쓰는 돌이라고 손 가리킨다. 바보같이 따라 오는 눈길. 또 시 쓰는 돌이라고 손 가리킨다. 아무래도 납득이 가지 않는 눈길. 돌이 있다. 있는 대로 지금 길거리에서 공사장 근처에서 세포 속에서 시 쓰는 돌이라고 손 가리킨다. 문득 "눈 감아" 한다. 징 소리, 또 비가 올 때마다 확실히 소리를 내고 오는 시를 따라 가자. 있는 대로 죄가 없는 돌이 있다.

성냥개비로 쓴 문패

우주로 통하는 뻥 뚫린 창에 불멸의 탄소로 '시인의 집' 문패를 쓴다.

생각하는 어머니와 아버지 할아버지와 그 할아버지며 뼛골이 환하게 얼굴을 드러내고 있는, 형체를 놓쳐 버린 것들이 새벽창에 어리 운다. 소금이 있는 미래를 예비하고 있는 성냥개비로 세워서 쓴 완성한 「시」는 눈물 한 점.

이 밤사 발가락에 볼펜을 끼워서 시를 쓰고, 우주인에게 먼 미래로 내일의 안부 편지를 쓰자.

밤은 온통 깨어 있다. 「소금이 있는 성냥개비는 불 탄 과거가 사그라지지 않고, 영원한 탄소가 남아 있습니다.」

연안부두의 파도

우 ㄹ ㄹ ㄹ ㄹ ㄹ
파도가 궁서체로 구른다.
우 a a a a a a
파도가 알파벳으로 구른다.
$\frac{1}{2}$, $\frac{1}{4}$, $\frac{1}{8}$,의 물보라가 날다가
피아노의 ♪음표들이 날다가
바라보는 구공탄 하늘,
쏴– 쏟아내리는 별이 되었다가
구획정리된 도회의 한 귀퉁이까지
하얀 잠이 무너지고 무너지는 파도
궁서체의 서러움
아리랑 아리랑 파도가 구른다.
그것은 가야금 산조
우 르르르르르

산호

해는 붉은 바다 수직으로 지고 망나니 춤을 춘다
생명은 부신 파란 포물선, 새는 지금 산호가 된다
해는 바다 속 유리
수직으로 지고
망나니 춤을 춘다
생명은 부신 파란
포물선.

직선이 가다가

직선이 가다가 옷을 벗는다
전라도 황토밭 무가
뿌리를 박기 시작한다
등선이 차츰 깨어지고
모국어가 비명을 지르고
직선이 가다가 옷을 벗는다
연골의 유리컵마다
포크레인 꺾이면서
관능이 붉은 신호등을 켠다
문설주에 기대어 서서
지느러미를 흔드는 어둠
가만히 물살을 가르고
직선이 가다가 옷을 벗는다
내장을 지나는 순수가
하얀 눈물의 박테리아다.

탈관념 · 메타포의 죽음

—1985년 캘린더의 숫자와 출판사의 원고지와의 만남

(1) 2의 민중과 1의 위대한 행진

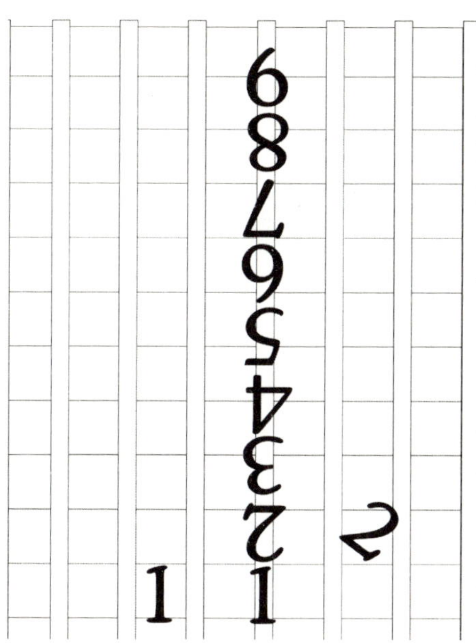

(2) 다시 서정을 위한 직선 행렬

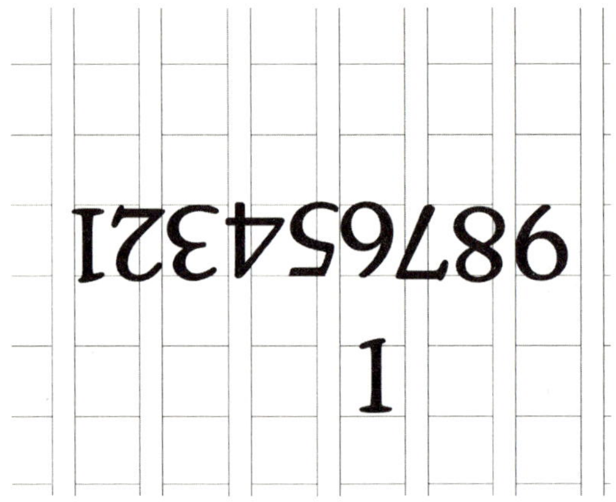

탈관념 · 구겨 논 유리와 날개

序

구겨 논 유리창을 봐
무쇠 소나기 구름 사이
무지개 집게발을 든다
달아나는 온전한 해
“조각 조각 물어 뜯어!”

1

유리창에 갇힌 바다
한 껍질 벗는 파도가
큰 망아지 새끼를 낳는다
해안선에 질주해 가기 시작한
망아지 흰 외씨 버선발
포물선이 뛰어간다.

2

—포물선이 스러진다
옷 벗는 옷 벗는 보름달만
보름달만 머릴 밀고 있다가,

고무줄이 캄캄히 늘어난 해안선
힘이 부친 망아지가 다시
거꾸로 뛰어간다.

3

멈추어! 뿌리 없이 떠 있는
한 개의 환한 수평선이
조금도 휘어지지 않고
두 쪽으로 갈라진 바다
망아지 뒷발질이 위험하다
움직이지 않는 물고기 떼
잘 익은 해.

4

자, 부서져! 물고기 떼
물어뜯어, 흰 갈증,
문득, 한 잔의 물 위
직각으로 달아나는 해
낙타가 줄을 짓고 간다

모래 위로 선이 가고
가는 선이 바람을 일으킨다.

5
출렁이는 길은 피곤하고 캄캄하다
목구멍을 넘어서 불을 켠다
눈물이 탄다. 눈이 붉어
선인장 위에 물감이
뚝! 뚝! 떨어져 피는 꽃.

6
모래 속에 빠뜨린 꽃
꽃을 꽃뱀이 먹고
꽃뱀을 능구렁이가 먹고
스러진다. 색깔, 끄-르-르
모가지를 틀어 올리고
장마가 들면 파도를 먹고
무지개를 먹고
한 송이 해당화가 핀다.

7

파란 하늘 속을 들여다봐
손톱이 긴 구름계집애가
쪼그리고 껌을 씹고
붕어알을 까고 있다
그 허연 계집애도 참
능구렁이 허리띠를
문어 발을 꿈틀거린다.

8

구름은 소를 낳고 소는
두꺼비를 낳고 두꺼비는
꽃뱀을 낳고 꽃뱀은
국어대사전을 낳고 파란
국어대사전의 고삐를 끌고 간다
종이 비행기가 지나간다.

9

종이 꼬리를 한 번 흔들고

가볍게 누른 풋나무 배꼽
맴, 맴, 찌－르－르－르－ 운다
갑자기 홰치는 풋나무
뿌리를 뽑고 날아가
물구나무 선 풋나무
똑바로 선 박쥐.

10

두 마리 포옹하는 풋나무
쏟아지는 별과 물고기와
박쥐 그들 대국어사전의 눈물
사막 위를 열심히 가는 대국어사전의 눈물
그믐날은 눈물 속에 보트가 간다
펭귄이나 타조들이 모두 섞인 어둠
눈 뜬 모래만큼의 별.

11

타조들이 달을 낳고
모래가 물결치기 시작한다

한창 나무 위에서 물고기들이
타조 새끼를 까기 시작한다
지느러미를 움직이는 타조
포망을 걷어올리면 보름달
달아나는 날개, 날개다.

12

여치든 망아지든
뭉개 버리고 내가 일어서면
순간 지구 밖에서 오는
바다가 꼬리를 파닥인다.

3

예감

사월이면 서울대학을 품어안은 관악이
첫새벽 출렁이는 검은 머리에
달조각 쪽 찔러서 빛나고 있더라.
연주암 가는 청년이 어깨에다
휘는 뻐꾸기 소리까지 짊어져서
난 예감이 어쩐지 어쩐지 눈물이 난다.

Image 국립서울대학교

바람이 불면
바람을 도는
까마귀 떼가 난다.

바람을 도는 까마귀
상수리나무 마른 입술
암울한 소릴 내고,
귀로歸路, 어둠, 관악이 엉거주춤 서고
능금 불빛, 까마귀가 쫙 깔리고
아침이면 하늘 높이높이
한랭전선寒冷前線

관악산을 빗겨
곰이 씹어 버린 달이
빵조각처럼 갔다.

하산下山

—김하연 형에게

백운대의 노을이
내 낯선 얼굴을 빚다
검은 바람은 툭 어깨를 밀고
그 때, 우리들은 하산이다
조금씩 즈려 디딜 때마다
산부리를 흔드는 아픔에
알 듯 모를 듯 내 몸짓이 받아들이고
넌지시 바라본 어둠을
한 발짝씩 완성해 가기

김형金兄, 툭 어깨를 치고
정상에서 돌 한 개를 집어들면
아우성이 되고 있습니다만
산의 발부리까지 던져 보아도
기어오르는 아우성이 되지만
올라가기보다 우린 어둠의
허공의 한 발짝씩
아우성을 즈려 딛고
하산下山은, 침묵으로 날 보기

휘파람을 불면서
공허한 몸뚱이를 채우기.

잃어버린 곤충을 찾아

구름이 적시면서 시방
온몸의 실비로
짓밟혀서 드러누운
풀들 위로 내리면서
적시어서 적시어서 풀잎을 세운다.
풀잎 한 개의 몸짓
풀잎 두 개의 몸짓
풀잎 세 개의 몸짓
잃어버린 곤충을 찾아서
깡통과 빈 콜라병과 소주병들 사이
딱정벌레가 거대한 슬픔을
지고 있는 앞에서 시방
풀잎들이 가느다랗게 떤다.

바위풀

바위는 늘 머리맡의
어둠이고 갈증이다.
스치거나 때리거나 흔들어
빗줄기가 보듬어서 스미면
어둠 속의 행동하는 뿌리에서
물을 올리는 바위풀,
깨끗이 하늘을 우러러서
높이 푸르름에 젖는다.
바람에 나부끼면
반짝이며 버티어
세포 속에서 대항하는 물
가장 부드러운 율동으로
풋풋이 선을 긋는다.

문득 까치 소리 우짖어서

애야 해처럼 애야
관악산 까치고개에 서면
반짝이는 물방울에 비치는 그 얼굴이 서면
더부수룩한 머리 아침 깃구름을 드리워서
뚝심으로 소란히 지겟짐만 지고 섰는 그의
상수리나무 붉은 잎들의 심금소릴 듣는다.

애야, 해처럼 애야
저– 엎드린 슬픈 등선
파아라니 독새기풀 색깔로 문질러 놓을까 보다
간밤 꿈 속 우레 번개 파도들이
흰 고기 떼들이 다 밀쳐 버리고
천도 자유로운 먼 고향의 우주를 열어
살얼음장보다 더 맑아진 날에는,

애야, 해처럼 애야
물방울에 비치는 그 얼굴이 서면
심금소리에 관악산 까치고개에 서면
동해의 넘실거리는 아침 깃구름 진주의 심장

까악 깍! 깍!
문득 까치 소리 우짖어서
첫봉오리가 열린다. 얘야

카피라이터

화살 같은 선전문을 쓴 날 밤
한 시대를 가는
화살은 빠르다
왠지 내가 울다.

밤 내내
신발을 닳도록 끌고
서울역—을지로—지하보도*를 돌다
눈물이란 몸 속에 빛나는 진주
사치스러움을 속죄하다.

객석처럼 별들과 별들과
어머니의 어머니의
천의 눈길로 곱게 다스려진 밤
히죽이 웃는 얼굴
코도 없는
귀도 없는
남산 위에 달이 기울다.

밤길은 온통 바람뿐이다
시절이 펄럭이고
관중들의 단합된 박수소리다
가로등 불빛이 결백하게
소금같이 빛나
내가 소금같이 울다.

* 지하보도 : 을지로 지하철을 개통하기 직전의 지하보도.

관악산 소-오 시민

동으로 핏줄이 도는 하늘
살빛이 적삼에 비치어 오듯
어둠 속에 사슴 새끼
눈초리들 같이 눈 떠서
불빛이 올망졸망
아카시아 숲 사이로 비쳤다.

꽃사슴빛 아침놀의
무당춤이 당초무늬졌다
아마도 안개와 검은
가시가 무섭게 드러낸
아카시아 숲 사이로 지나가는
길목쯤에서 이승과 저승 사이
무시무시한 금줄을 쳤다.

느닷없이 간난 울음소리
소—오 시민 소—오 시민
매선 바람 소리 지나가며
끄륵끄륵 끄륵이 소리

세상 소리 다 지나가며
부정은 물러서 범치 못하렸다.

품걸이꾼들

봄 일찍
도매시장의 좌판엔 꽃동 과일
품걸이꾼들의 지게 위엔
해 넘실 첫물진 남색,
소롯소롯이 보리 패듯
하늘이 핀다.
울긋불긋 공판장의 빛깔에 따라
꽃맞이 굿 얘기 그 시절의
지금 고향의 앞산 빛 마음들이
파장, 아침나절이 지나
육자배기 가락이다.
쇠같이 늙은 지겟다리 치고
하치장에 모인다, 품걸이꾼들

잠

무엇이든 잃어버린 사람들
곤충을 찾아 나서자, 물 소리가 되어
풀숲을 열면서 가자
개울을 지나면서 두어 채
마지막 집이 있고 칼날진 억새밭에
봄의 목마른 바람 소리들이 간다.
추운 땅을 스치면서
여보세요? 여보세요?

산 넘고 붉은 꼬리를 빠뜨린 채
산노을만 설핏 얼굴을 보였다.
무엇이든 잃어버린 사람들
곤충을 찾아 나서자. 물 소리가 되어
잠들은 철-철-철-철-
물 소리에 깨어진다.
집집마다 무쇠의 튼튼한 빗장을 지른 잠
이웃 초인종의 새 소리를 울리고
여보셔요? 여보셔요?

산성비

길이 멎는다.
산성비 잦은 가락
휘어 때리고
산발하고 선 풍경의
종점은 유리 같아서
투명하게 젖어내리는
길이 멎는다.

종점에서 들여다보는
하얀 내 골수 어디까지든
개었다가 밀리는
산성비 잦은 가락에
잔잔히 바람, 녹음이
울고 밀렸다가 개이고

산번지 나지막이 서면
종점 길이 멎는다.
등선 구름자락을 쥔
자잘한 나무이듯.

초민지도草民地圖

한 해를 보내고
가랑잎이,
바람 속에 어디서 술 한잔하고
빈손에 아우성만 쥐고 도둑처럼
문지방을 넘어서면 단칸방
동서남북으로 부챗살처럼
누운 식솔의 초민지도草民地圖
숨쉬는 머리맡에서 나부끼고
맑은 물 떠놓으면 세밑 '말'이

"큰딸 아이야,
충忠은 나타내지 아니 하며 숨기지도
아니 하며 마음 가운데에 있지
둘째 딸 아이야,
효孝는 해가 뜨는 것으로 달이 뜨는
것으로 어버이의 생각을 모심이지"

계약 사랑법

우리들의 나무
정착민 마을 사운거리면
있는 것이어야 한다. 바람 소리
있는 것들에
다정하게 몸짓을 던지며
빛은 안과 밖에서 비치고
있는 것이어야 한다.
깊은 물 소리

생각하는 노래며
물 먹는 별 떼며
구름을 밀고 나면
파란 하늘이다.
해가 지붕 위로 오들오들
떨리고 있을 때에
사운거리다가 등을 돌린
우리들의 나무

윽박지르고 을러

울렁거려 놓으면
처참하다. 숲 속까지 울렁이고
어깨 위로 서서
수런수런 나무들.

딸만 낳고 관념이 파란 하늘
눈치가 좀 있어야겠다.
자유계약 사랑법은
물이 흐르듯
노동의 지느러미가
꿈 쪼가리다
있는 것이어야 한다, 바람 소리.

나는 독도獨島

파도와 밤마다 바람이 부는
조그만 우주의 몸,
온 국토라도 다 껴안고
무덤의 환한 백골白骨들을 지고 간다.

전봉준의 폐 앓는 소리 산골짝에서
심청의 머리 빗고 선 바닷가에서
류관순의 피구름 토해 낸 하늘 끝에서

독도獨島, 독도獨島
거울길이 피 비치고 풍장風葬으로
바람이 부는 몸뚱이 울지 않고,

밤마다 바람이 부는 밤은
빛나는 백골白骨들을 지고 간다.

한 가락 피리 소리는

젊은 날 서쪽 하늘 피리가 누워
그 붉은 입술의
가락, 피가 맺듯이

무쇠피톤 심장이 젊은 날에
봉선화 물이 들 듯 눈이 붉었다
남천엔 청태 바다
한라 백록담

석류 천 길 불이다
그 붉은 입술의
누님 화산火山아
누님 화산火山아

젊은 날 동쪽 하늘
같이 앉아라
파도야 파도
노래, 피가 맺듯이.

날개

어둠이다. 어둠, 정물의 풍경을 흔들고
천년의 무게 어둠의 본질인
다이아몬드 속을 난다.

어둠, 알 수 없게 흔들고 풀잎
직선으로 반짝반짝 일고
높은 몸짓이 묻어나고 있는 구름장
바람 흔드는 풍경이다.

어둠, 침몰하라. 침몰하라
불 켠 창가에서 광장에서
축제 위에서 오선지 위에서
비둘기들을 풀어 놓고

바람은 손을 보이지 않는다.
발바닥으로 직선을 긋고
직선에 맞은 비둘기들이
빛났다. 어둠, 어둠이다.

채석촌

아기는 울기 마련
처음, 파도를 보는 아픔 뒤에
어둠을 알게 하는 일은
돌의 그 수런거리는 말이다
비로소 눈물 비롯하는
순수 그 숱한 반짝임이다
모든 길은 서로 포근하여서
잠은 제대로 빠져들지만
출렁이는 바다 깊은 소라색
안겨오는 한없는 품안에서
하얗게 밤을 피어 논
울음 징징 짜는 메밀꽃
인정은 처음, 가장 아름다웠다.

자, 통과! 내 손에 꽃을 들고 있을 때

I

시를 배우러 오는 문학소녀들이 가끔 있다. 그때마다 첫대면에 하는 나의 기행(?)이 있다.

먼저 얼굴이 이쁜가, 미운가, 특별한 어떤 분위기가 있는가 찬찬히 뜯어보다가 좀 이쁘다 싶은 느낌을 받고 겉치레가 삼삼하면 무턱대고 이런 독설을 퍼붓는다.

"시집가면 되겠어. 좋은 남자 만날 거야. 그게 최고지. 뭘 골치 아픈 시 쓰려고 그래."하며 결혼철학이나 지껄이다가 쫓아 버린다.

그래도 시를 열망하며 모욕적인 분위기를 참고 견디면 그때는 아무거나 손에 잡히는 물건을 든다. 대개는 꽃을 꺾어 들면 더욱 극적인 상황이 되었다.

"이것이 무엇이지?"

라고 묻는다. 그러면 대답은 몇 가지가 있다.

첫째는 "꽃이지요."라고 당혹스러워하면서 불안스런 투로 대답했다. 그럴 땐 이내 곧 나는 쓰레기통 속에 꽃을 집어던진다.

"이래도 꽃인가? 쓰레기지. 뭘 시 쓰겠다고 그래. 이런 것도 모르고 시집이나 가지."

이렇듯 쫓아 버렸다.

둘째는 어디서 이러하다는 나의 소문을 듣고 그래도 시를 쓰겠다고 찾아온다. 그때 역시 손에 꽃을 들고 묻는다.

'쓰레기'라고 대답한다. 그때 나는 대뜸 소리를 질렀다.

"이 엉터리야. 시 쓰겠다고 사기나 칠 꺼야? 이렇게 향이 좋아서 냄새를 맡고 있는데, 뭘 안다고 '쓰레기'라고 그래. 시집이나 가지."

라고 쫓아 버린다.

대개는 이쯤해서 찾아오는 사람이 없게 되는데, 그래도 재미있어 하며 찾아오는 사람이 있다. 그때에야 각양각색의 그들의 답을 찾는 시의 얘기가 시작된다. 바로 이것이 나의 탈관념 이해의 시작이 되는 셈이다.

직감을 묻는 이런 것을 혹자는 선문답 같다고 하는데, 나는 불교인이 아니며 선문답이 무엇인지 정확히 모른다. 이런 나의 기행(?)은 여러가지 목적이 있다.

먼저 시인으로서의 자질을 파악하고자이며, 그리고 순수하지 못한 어떤 관념에 목이 매여서 아류가 되어 있는 것을 깨뜨리는 작업이었다.

많이는 쓸데없는 지식을 잔뜩 외워가지고 시를 많이 아는 것처럼 착각하고 있거나, 지식이 곧 시의 능력인 양하는 오만한 사람을 물리치기 위한 것이다.

적어도 시는 도道로서 깨달아가는 과정이며, 느끼는 작업으로 지식의 산물이 아니라고 믿고 있기 때문이다.

그래서 일련의 그런 직감을 묻는 파격적인 질문 공세로써 고정관념의 일상적인 사고방식에 충격을 주고, 사물의 순수한 본질에 접근하기 위해 하는 첫 방법이기도 했다.

그리고 나서, 본격적으로 고정관념을 깨뜨리는 시의 얘기가 시작되는데, 먼저 김춘수 시인의 「꽃」의 첫 구절인 '내가 그의 이름을 불러 주기 전에는 / 그는 다만 / 하나의 몸짓에 지나지 않았다'를 감상한다.

나의 질문으로 충격을 받은 후에 이 시를 설명하면 "아!"하고 새삼스럽게 느끼는 사람이 있다. 이내 곧 생각에 자유를 얻고 시를 느끼기 시작한다. 이거야말로 우등생이다.

그러나 뭔가 느끼지 못하고 어둔하여 갑갑한 사람이 있다. 그땐 눈앞에 있는 아무거나 손에 들고 묻는데, 대개 손쉬운 성냥을 들고 이것이 무어냐고 묻는다. 물은 뒤에는 성냥개비를 꺼내서 부러뜨리거나 귀를 후비고 '이건 귀이개야!' 하면서, 그들이 사물을 보고 느끼는 고정관념을 깨뜨리기 위해 애를 쓴다. 「성냥개비로 쓴 문패」는 그런 과정속에서 쓰여졌다. 그러다 갑갑할 때면 "시집이나 가지!"하고 자리에서 일어나 버렸다.

II

그럭저럭 한 삼 개월쯤 시 얘기가 무르익을 때쯤이면 탈관념의 방법으로 들어가서, 나는 드디어 손에 꽃을 들고 "자, 통과! 내 손에 꽃을 들고 있을 때"라고 소리쳤다.

어떤 사물에 대한 느낌, 즉 직감이 꽃을 통과해 보라는 것이다. 이때 물론 나의 시를 최면적인 효과를 노려 주문처럼 암송했다.

자, 통과! 내 손에 꽃을 들고 있을 때
홀로 열심히 땀을 흘리고 있는 꽃
번쩍번쩍 별들도 스치고
이따금씩 일상의 슬픔도 죽는다.

죽어 가는 것들이 다 죽고
봄날 왁자하게 피는 꽃
아침마다 개벽하고 개벽한다.
강물 굽이굽이 눈을 떠 바라보면
손금을 보아 운수 좋은 날에
꽃들의 동굴이 보이고 피리 소리가 났다.

—「자, 통과! 내 손에 꽃을 들고 있을 때」 전문

이 시는 꽃을 보면서 감성을 움직이고 직감하도록 하는 하나의 주술적, 암시적 방법으로 사용됐다.

어느날 자신이 느끼고 썼던, 감성적인 시를 실제로 손에 들고, 감상하면서 상대에게 감성을 전이시키는 최면적인 방법이었다.

이래도, 황소처럼 눈만 꺼먹꺼먹 하고 우이독경이 되면 다소 희극적인 발상으로 쓴 「죄가 없는 돌」이라는 시를 함께 감상하게 된다.

시 쓰는 돌이라고 손 가리킨다. 바보같이 따라 오는 눈길. 또 시 쓰는 돌이라고 손 가리킨다. 아무래도 납득이 가지 않는 눈길. 돌이 있다. 있는 대로 지금 길거리에서 공사장 근처에서 세포 속에서 시 쓰는 돌이라고 손 가리킨다. 문득 "눈 감아" 한다. 징 소리, 또 비가 올 때마다 확실히 소리를 내고 오는 시를 따라 가자. 있는 대로 죄가 없는 돌이 있다.

—「죄가 없는 돌」 전문

어떤 사람은 뒤통수를 맞은 듯하다고 했다. 아무튼 이렇게 시를 얘기해도 시를 이해할 수 없다는 사람들은 도저히 내가 어찌할 수가 없는 것만 같았다.

「성냥개비로 쓴 문패」, 「내가 구겨서 버린 바다」 등의 시들은 그것들이 각기 가지고 있는 개별의 내용 외에, 공통되는 것은 탈관념의 어떤 노력들을 보여 주고 있다는 것을 밝혀 둔다.

한때 시를 얘기한다는 것이 처음부터 잘못된 일이라는 생각이 들었다. 공부나 어떤 작법만으로 시를 극복하기로 한다면 그 누구인들 시를 쓰지 못할 사람이 있겠는가?

시는 아마도 도道일 것이라는 생각이 들고, 차라리 사물의 본질을 깨달아가는 길이라고 느끼기 시작했다.

타고난 시적인 인간 본연의 감성이야말로 도를 쉽게 깨닫게 하고 어쩔 수 없이 그를 시인으로 만든다는 것이었다.

지식의 나열이나 하고, 감상이나 남의 시 모방이나 적당히 늘어놓고, 자신의 시각을 갖지 못하는 사람들에게는 감성의 빈약함이 보인다. 그리고 그런 사람일수록 습작 노트를 끌어안고 자랑한다.

"불태워 버리지 그래. 뭘 못잊어. 죽은 × 가지고서."

이렇듯 독설을 퍼부어도 그들은 끄떡하지 않는다. 그들에게는 내 시를 이해시킨다는 것이 무척 난감하다. 본질적인 어떤 의식 혁명, 즉 감성을 기르고 사물을 보는 눈을 갖게 하는 깨우침의 훈련(감성지도)이 필요했다. 「달맞이」는 데몬스트레이션이란 부제까지 붙여서, '감성지도'를 하기 위해서 쓴 시였다. 물론 내 시중의 가장 감성적인 것이기도 하다. 어느날 실제로 그들에게 최면을 걸듯 주문을 외듯 이 시를 읊고 눈감고 감상토록 했다.

1

공이 뛴다

점점 높이 뛴다

점점 더 높이 뛴다

빌딩 콘크리트를 뚫고 공은 온전하고 깨끗이 뛴다

파란 하늘이 젖어 내리고 젖어 내리고 별이 된다.

2

공이 뛰어간다

집 밖으로 뛰어간다

퐁 퐁 퐁 가로수를 심고 간다

대낮 어린이 놀이터에서 심심하다

햇빛이 폭포수로 쏟아내리고 퐁퐁퐁퐁 계단을 올라갔다

퐁퐁퐁퐁 내려온다.

3

공이 자유自由롭다

횡단보도에 매끄럽게 섰다가 파란불을 보고 지나간다

하나하나 가로등에 황혼黃昏의 공을 놓는다

잘 익은 공이 가슴마다 박힌다

길이 향기롭다.

—「달맞이(데몬스트레이션)」 전문

이 글을 지금 읽고 있는 독자를 위해 그 최면적인 감상법을 들어본다.

이 시를 누가 천천히 반복해서 읽어 주고 살프시 눈을 감으면 좋다. 아니면 혼자 읽으면서, 갇힌 공간에 앉아 마음 속으로 눈 앞에 깨끗하고 가장 아름다운 공을 상상해서 그린다. 다음에 시의 진행에 따라서 공을 튀기어 본다.

공이 점점 높이 튀어 오르도록 한다. 그래서 천장도 뚫고 올라가서, 하늘 높이 튀어 오른다. 이렇게 튀는 상상을 반복해서, 파란 하늘의 끝까지 튀기어 오르게 하여 별로서 박힐 때까지 계속한다. 이런 일을 반복한다.

즉 이렇게 해서 실제로는 뚫고 지날 수 없는 관념의 벽인 천장도 뚫고 중력의 벽도 뚫고 나서 눈을 떠 보도록 한다.

그러면 이 시는 이해하려고 노력하지 않아도 시의 모든 것을 느끼고 감상할 수 있을 뿐만 아니라, 충동적인 의식의 흐름이 생겨서 지금까지 고정되어 있던 컵이며 휴지며 모든 사물이 뜨는 느낌(감성)을 갖게 된다.

여기에 이르러서 보면, 진부한 관념시의 어떤 한이나 얘기(내용)로부터 오는 감동보다 더 깨끗한 탈관념의, 본질적인 어떤 직감만으로 느낀, 감동과 그것의 무의식 속에서 조합되어 나오는 깊은 내용도 만날 수 있다는 것을 알게 된다.

위의 시에서와 같이 어떤 사물들의 직감만을 그대로 표현해도-「달맞이」에서는 달과 공과 운동권 학생들의 뛰는 모습의 본질적인 느낌이 저절로 융합되고 질서 속에서 표현되고 있음을 알게 된다. 또 이러한 감성적 표현은 독자와 시인이 가지고 있는 본질적인 감성의 공감대를 통해서 느낌을 전달하고 전달받을 수 있는 것이기도 하다.

결국 탈관념은 내용전달을 거부하는 것이 아닌, 보다 본질적인 비관념적인 방법으로 진실된 내용에 접근하고, 그 진실을 전달하기 위한 방법이었다.

Ⅲ

그런데 이러한 시작업을 계속해온 15년이란 노력의 결과가 고작 이번에 엮는 제3시집인 『탈관념』이란 얄팍한 한 권의 시집이었다. 부끄러울 뿐이다. 또 한편은 야속하기도 하다. 아무도 이해해 주려고 하지 않는 시들, ―하나하나가 어떤 실험적인 면이 있다가 보니, 많이 어설프고 난해하다. 하지만, 그저 주저앉거나 물러앉을 수도 없어서, 「나의 시법, 나의 시」라는 제목으로 시집 말미를 채우면서 다음과 같이 내 시에 대해 요약해서 적어둔다.

지금까지 얘기한 시의 어떤 내용적인 것이나 방법이 원천적으로 동학으로부터 비롯된 것임을 밝혀 둔다.

나는 고부땅에서 대를 이어 살아온 동학인의 후예다. 또 동학인의 특별한 형식의식 속에서 시를 생산해내고 있다.

즉 직감적인 시들은 동학수행에서 비롯되는데, 명멸해가는 동학인의 비극적(한)인 상황에서 이를 정면으로 마주 바라보고 앉아서 수심정기守心正氣하는 독특한 그 모습을 얘기해야 한다.

물을 떠 놓고 앉아 마음이 물처럼 고요해지고 맑고 무념무상에 이른다. 이때 전 신경과 느낌은 최대가 되고 공허함이 시창작의 기본 입장이었다.

떠 놓은 물에 물상이 비치듯, 물상은 가슴 속에서 보게 되고 또 느낌은 순수함에 이르러서 털끝 하나하나에까지 느끼는 지극히 예민한 감각상태가 된다. 이런 과정 속에서 시가 생산되자 그 시는 대개 청량감을 갖게 된다. 이러한 자신의 시 갈래를 비유로서 얘기

해두면, 내가 떠 놓은 물속에 비친 공허한 상태에서 초탈한 모더니즘적 기법으로 스며나온 것과, 한편 인간적인 갈등이 일어서 일렁이는 물속처럼 잔물결에 부서지는 달조각 같은 이미지의 서정적인 것으로서, 두 작품의 갈래로 나누어진다.

언뜻 보기에는 동양적인 서정성에 서구적인 기교로 보여서 극단적인 양면성을 느끼게 될지 모른다. 한편의 시 속에서도 이 현상이 동시에 나타난다.

그러면서 주술적인 가락(사설)들은, 어떤 신비의 늪으로 끌고 가서 끝내는 을씨년스런 한많은 동학인의 묘지 같은 데 끌어다 놓으리라고 본다.

그간 시인의 집에서 동인과 회원들에게 얘기해오던 촌스러웠던 나의 기법을 여기서 끝맺는다.

단기 4321년 10월 상순

저자 오진현

제2시집
草 民

(1981. 8. 개마서원蓋馬書院)

시집 <草民> 차례

* 원본에 수록된 시들은 일부 폐기, 수정하여 전집에 수록하였음.

첫글, 벼들 또는 백년 전의 시

벼들은 울면
말이 되지를 않고,
강물과 휘는 바람
백년 전의 울음을 참고사는
아버지의 평범한 얼굴이 된다.
바람이 어깨에 울면
뻐꾹새가 가슴에 울면
참아라 참아라 한다.
이웃으로 사는
벼들은 돌처럼
울어 바람되지를 않고
백년 전 말이 된다.

1981. 7. 29.

1

이런 날

이런 날 벼들은
눈빛이 더 어울어지고
풀물빛 갠 하늘이 숨이 멎어버릴 듯
누이같이 머리 빗은 제비 서넛
이런 날 벼들은
눈빛이 더 어울어지고
뫼 잔등 고추밭 놀빛 뻗혀
텃논 이마 위로 서풍西風이 돌아
이런 날 벼들은
눈빛이 더 어울어지고

벽골제碧骨堤*

서녘 바다가 늘 붉고 있습니다
봄, 바람, 뭇별, 꽃들
이승을 비낀 내 어깨가 보입니다.
뼈가 하나 진주가 됩니다.

* 벽골제壁骨堤 : 전북 김제에 있던 신라 때의 저수지 둑.

갈가마귀

백산白山 나룻터
간 애비 오지 않고
갈가마귀 해 설핏 저 갈가마귀

앞들
강변
울 애비 울 애비 와서

동진강東津江
물결 푸른
저문
숫구지*

아울
아울
아울애비 해가 지네.

* 숫구지 : 지명. 숲곶이 > 숫구지

아버지의 벼

아버지의 벼들은
이웃이 어울어
강물과 휘는 바람
백 년 전 울음 참고 사는
아버지의 평범한 얼굴이다.
김제 만경 들녁
바람이 어깨에 와 울면
동진강 물 소리 가슴에 와 울면
벼들은 참아라 참아라 한다.
이웃이 어울어 산
아버지는 초민
울어 바람 되지 않는다.
백 년 전 말이 된다.

· 1981. 7

초민草民

흰 비둘기가 내시경으로 들여다보고 있는
왼쪽 방향으로, 걸어가고 있는 한 무리
주루룩 눈물 빠뜨리고 공중에 매어 달리고
목소리가 투명한 판유리 위로 놓인다.
—몇 달 만이라도 더 살게 해주십시오. 라고
오른쪽 방향으로, 걸어나온 한 무리 고향산천의
달빛 당기는 꼭두각시 바람으로 섰을 때는
히히 탈놀음이다. 풍각쟁이 피리 불고
나뭇가지 공중에 달려서
목소리가 투명하게 좌로 우로
땅바닥이나 기고 도는 초민草民,
자정 넘어 벽시계의 비둘기가 국국 운다

북망北邙

북풍으로 얼굴을 돌리고
황토에 백골白骨들이 묻는다
칠십 생을 동학한 아버지는 무골호인이었다
정월달 내가 고라실 사냥개처럼 꿩을 몰고
두 사발에 물 받들어 벌 서면 달빛 넘쳐 내리고
그 때 아버지는 찬 북풍으로 얼굴 돌리고,
백부는 산 속으로 승냥이 울음소리 따라가 버렸다
둘째 백부 기침 철썩이는 파도같이 가 버렸다
넷째 숙부 밤에 노래 부르다 강 속으로 가 버렸다
막내 숙부 이런 저런 잡귀가 들려 가 버렸다
북풍으로 얼굴을 돌리면
앞 들녘의 불티 갈가마귀가 해를 돈다

어항을 보게

—이미지 연습

보게나, 칠흑에 달빛 머리칼 풀고
먼 산에 음성 은은히 얼굴 든다
밤이야 바윗속같이 굽은 등짐을 지고 가면
조밭에 징징짜 울던 바람 황토마루 돈다
콧노래 육자배기 가락에 볏단을 세워가며
줄아리가 돌고 멎던 곳, 감빛 물든다
보게나, 뒷대숲 조왕할미 받든 정화수
환한 딸들이 넘실넘실 와 볼 부비고
몇 마리 낯익은 물고기들 색동옷 무늬
똑똑히 돌고 돌아 얼핏 얼굴 든다
보게나, 아침 파란 물 위의 노랫가락
변산 바닷가 바위를 밀쳐서
단정히 낭자머리 올린 것을,

벽골碧骨

마른 손길 저 오동잎 부는
가을 한낮의 찬바람같이
좀 슬퍼진 맑은 내 손 속
푸른 눈물 비워 버린다.
좀 더 슬퍼진 맑은 내 손 속
푸른 눈물 비워 버린다.
그림자도 조용히 비워 버리고
마른 손길 저 오동잎 부는
가을 한낮의 찬바람같이
열두 마당 잔잔히 울음 돌아
푸른 눈물 비워 버린다.

노점露店

신접살이를 나 세상물정이란 것을 조금은 알 듯 알 듯 하여 남 못지 않게 살아보겠다는 것이 참 가당찮게도 아직 수줍음이 채 가시지 않은 신부와 나란히 변두리 신설 시장에 노점을 벌였다.

자연 소란한 악다귀 속에 끼이고 제법 어울리고 작업복이며 잠바 같은 것도 걸치고, 그 특유 노련한 척 건방지기도 하고 거드름도 피우고 용산 야채시장*을 비집고 다니면서 뒹구는 무 배추를 '주번?' '먹줄?'* 하고 추켜들고 씽긋 웃어 보이기도 하고, '오 푼'만 내리지요.

* 주번, 먹줄, 오푼 : 용산 도매시장에서 사용했던 은어.
* 용산 야채시장 : 가락동으로 이전했음. 현재 전자상가.

딸이 학을 그리고 있을 때

돌아와 문지방에 해가 쏙
빠질 때에는
딸은 학鶴의 두 다리가
구름보다도 높다.

관악산이 얼굴을 붉혀서
돌아서면서
관자놀이쯤일지
멎는 바람은

바위에 달처럼
내달은 산등성
한창 뿔피리를 불고

딸은 산보다도
학鶴의 두 다리가 높다.
바람을 넘실넘실
이마에 받은

'포장마차

—'시인의 집' 시화전을 열며

지금 흰 눈이 전단처럼 내리고
찬바람 슬슬슬 깨끗이 부는데
가로수 위 은빛 눈
자력磁力에 끌리는 우리들 귀로歸路
밤 자꾸만 깊어 가고
찬바람 슬슬슬 깨끗이 타는데
지글지글 끓는 뚝배기 속
또렷한 어둠 걸어 나오고
12월 고궁 불안한 돌담에
수은등 불불불 떨고 있다
우리들 카랑카랑
밭은기침 소리가 깨어 있다

2

새벽달

—동학사설 · 序

우물이 있는 뒤안 깨죽나무 위에 온
정월의 달 조금은 이즈러진 채인데요
불그럼 불빛이 추녀 밑 너울대고
가장 일찍 새댁이 우물물 떠올려
백산의 새벽 기운 받들어 놓지만요
아직 바람 옷깃에 잠 깨지 않고
호젓이, 새벽달 잠겨 나 서 있을 뿐이네

봄 불

—동학사설 · 1

백년 지나 강江산山이 백산白山* 잔등 바윗돌만 남기고 강물이 머리 돌려 산 밑에서 저만큼 물러갔다.

홀로, 하늘 열어 만경벌 변산邊山이 치달리고 황토물 수천 년 범람한 강 갈꽃 피고 흰 옷깃 만 리에 떨치니

푸른 밭 푸른 바람 의연히 육모정 떠받든 백산白山에 갈가마귀 떼 뒤덮은 봄

한울음, 불붙는 봄불 만석보*가 아슴타.

* 백산白山 : 전북 부안 소재. 동학군이 기포한 곳.

* 만석보 : 동진강 상류에 있던 물막이 보.

백산나루

—동학사설 · 2

동진강東津江 또 울것네 흩적삼 부푼 뉘 님
진달래의 꽃숨을 넣다 냈다 골방에 오금이 저리고
한 봄 몰래 물결치는 보릿대 파삭파삭 입술이 타는 듯
치맛살 꽃물져 미는 백산 보름 사리 때

조소리* 구름밭

—동학사설 · 3

초겨울 조소리는 천태산 달 비껴가
바람, 소소히 고라실 억새 베던 심심한 선머슴
도리깨 명당의 솔밭 후미 으슥히 골마릴 풀고
무당네 골방의 선반 지른 시렁가래 깊은 어둠
피울음 전봉준이가 달을 안고 뒹군다.

* 조소리 : 전봉준의 고택이 있는 마을.

북두와 칠성이
—동학사설 · 4

전라도 부안 백산白山 지어밀 남겨 두고
신병* 나간 북두와 칠성이 섣달 한밤 초승달 뜨것네만 이 지아비 얼굴의 눈썹만큼 뒤엄나무 성근 새 뜨것네만
시래기 타래 매단 뒤안벽 슬컥이는 골방에 새 한창 젊을 지어미야 천지간을 철컥철컥 미영벨 짜것네만 섣달 한밤 밀물이 지는 강
숫구지* 백골白骨이 뜬다. 저 북두와 칠성이

* 신병神兵 : 동학군東學軍
* 숫구지 : 지명. 일제시대 '화호'로 개명.

황토재*

—동학사설 · 5

밟아라 밟아라 봄 보리밭 이랑 이랑

산 너머 너머 산에 시집 간 뉘 님이 뒤승산斗升山 꽃잔등에 치맛자락 휘잡고 앉은 이 도학동道學洞* 숨이 차서 숨이 차서

황토재 파란 마파람 환히 불어 봐야지.

* 황토재 : 두등산의 '뒷못'이 요대처럼 흘러내린다. 조병갑이 이 '뒷못'의 물세를 너무 많이 받아 원성이 많았다. 능선 따라 내려가면 황토재가 있다. 동학군이 싸움에서 대승한 곳.
* 도학동 : 마을 이름.

솟구지 나루

―동학사설・6

갈가마귀 떼 강변 보리밭 파랗게 울어 놓고 쓸린 듯 하늘 맑다.

동진강東津江 물굽이가 휘어서 눈썹 그린 솟구지, 자운영 넘실대는 물결로 누님의 옷고름 붉게 타면 뻐꾹 울음 퍽 곱게 잦아든다.

오래빈 언제 오나 소반 위 청맥죽 멀겋게 비치는 애비는 풋머루 먹은 듯이 입술이 싯푸르고 장다릴 피어 논 품안 새끼 울고 솟구지 얼근한 눈자위 상달이 걸리면

피죽새 밤나룻 소리 피죽 피죽* 건넌다.

* 피죽 : 기근이 심하면 먹던 피로 쑨 죽. 피는 포아과 식물.

댓불

—동학사설 · 7

산지촌 시누대숲 뒤흔드는 밤 정이월
눈치코치 없이 산 말목장터 슬픈 셋째 소실댁
신바람에 고뿔하고 고뿔하고
액막이 대보름 댓불 타닥, 탁, 탁 터진다.

보쌈네 흰 눈썹

—동학사설 · 8

얼—래— 보쌈네*! 보쌈네! 꽃이 핀다.

다홍치마, 양지밭 탱자울의 아이들이 신명나 한참을 고샅에다 몰아대면,

가시내가 온 동네 살구꽃 피워 논 가시내가 아마 둘째 도령일가 몰래 그린 가시내가

삼짇날 솔나무 삭동 흰 눈썹을 걸었다.

* 보쌈네 : 과부를 보쌈해 가서 멀리 외따로 떨어져 살던 천민의 집. 동학군이 은밀히 내통하던 곳.

살풀이

—동학사설 · 9

죽산竹山 당골 첫새벽 신내리는 저 살대
니가 머슴앨 낳으면 말목 李氏* 말목 李氏 떡두꺼비 같은 애를 낳으면,
애비는 머슴살이 에미는 보쌈네 니가 머슴앨 낳으면 말목 李氏 어쩔래 어쩔래
산마루 큰 보름달을 얼러 타고 어쩔래

* 말목 李氏 : 족보가 없이 사는 천민(초민) 보쌈네.

말목댁 베 맨 솜씨

—동학사설 · 10

신바람난 말목댁이 열두 필 삼베 날면

마당에 버팀목 받쳐 놓고 두 가래 끌개 위에 다듬잇돌 납작 놓고 돌기에다 씨 타래 매놓고

풀 담은 참봉네 놋대야에 쉿, 쉿, 쉿~ 소피 섞고 확확 열기 오르는 불두덩 위 씨 올올이 샛노란 태깔 내는

말목댁 봉물* 받쳤던 옹골찬 베 맨 솜씨

* 봉물 : 시골에서 서울 사는 벼슬아치에게 선사하던 물건.

살煞

—동학사설 · 11

시항時享 밭에 산지기 신씨의 난 잡짓이란

작껏 고 알미운 참봉네 씨암탉 서리갔다 어찌 쫓겨 뒷간의 견칫돌 밑 바싹 엎뎠것다. 급히 뒤보러 온 마님이 쫘악! 튀긴 똥물 얼굴에 갈겨 쓰고

불끈 화가 치밀고 하는 짓 워낙 상 잡놈이라, 아닌 밤 홍두깨 내일 듯 불쑥 찰싹! 마님의 볼기짝 올려치고 줄행랑 치는데

벌러덩 정이월 뒷간 살맛은 꼴 아닌가.

조소리* 묘描
—동학사설 · 12

도리깨 명당의 솔밭머리 가래를 뻗대어 논 황토마루

삼대三代ㄹ 찌든 상량 통나무 이어 지른 시렁가 누런 종이 바른 봉창 그 흙벽 밑 고구마 통우리 둘러놓은 신당에

반달로 누운 목침 조ㅅ종지 수숫종지 대롱대롱 매어단 까만 천정 그 어뎃쯤 그 어뎃쯤 자지런 주문 소리

잉 잉 잉, 잔솔나무 숲 억새밭에 깔린다.

* 조소리 : 전봉준 고택이 있음.

산조散調
—동학사설 · 13

받든 청수淸水* 잔잔히 여린 음音 진양조

바람 몬다. 흰 물결 점점 뛰고 산비탈 오솔길 뿔 뿔 뿔 달아나는 다람쥐들 중모리, 푸동 푸동 꿩 날고 둥 둥 뛰는 사슴 떼, 도리깨 비잉빙 아찔 아찔 중중모리

쉬잇 쉿, 탁 탁 화살 박히는 맛, 동헌 뒤뜰 쫓기는 닭 뎅겅 잘려 나는 모가지, 담뱃댈 물고 똥 깔고 나자빠져 망건*이 칵 숨막히는 절정에서

전주성 휘몰아치면 신이 나는 휘모리

* 청수 : 동학 교조 최수운이 청수 한 그릇을 떠놓고 대구 장대서 순교하다. 이후부터 동학인이 중요하게 실천하는 예식

* 망건 : 양반을 지칭한 은어

내 사설시조는

—동학사설 · 14

산성山城의 사슴 농장 사슴 떼 저문 달아

황토 눈물나는 붉은 네 뙈밭머리 가마 타 능금알 붉게 여문 열 여섯 살 먹은 달아

상수리나무의 잎 개승냥이 울부짖는 잔바람에

무시밭 무성히 자라 산성山城 앉은 새 달아

세수풍속도歲守風俗圖

—동학사설 · 15

밝히시고 밝히시고 다—아 액을 태우시고
삼남에 싸락눈이 올 양이면 붓! 붓!
밤부엉이 울어 놓고 여나믄 살의
입술이 노오란 신랑을 들인 날 밤,
훗날 훗날 동진강 물 풀리고 우르르 우르르
강물이 다 된 눈물의, 달아, 달아 백산白山 죽산竹山
초승달 띄워 놓고 나흘나흘 띄워 놓고
열나흘 달을 다 띄워 놓고 섣달 그믐
팔구 남매 오는 밤,
콩땡 장땡* 히번이 날 밝는
새벽녘 추녀 밑 달이 장등 걸어 놓는다.

* 콩땡 장땡 : 화투놀이에서 나오는 말. '장땡'은 장 두 장. '콩땡'은 솔 두 장.

망월望月

—동학사설 · 16

고라실 뙈밭 텃논 풍년이 들면, 복조리 사시오 외치고 가는 소리 기름지오. 통일벼 밀양 23호 쌀 같은, 풍성하고 기름져 찻독이 찰찰 넘쳐, 첫새벽 복조리 줘요~. 꽃새댁*이 문 민다.

* 꽃새댁 : 막 시집 온 새댁.

화도花道

—동학사설 · 17

남도南道의 황토길 산문山門이 분홍다홍

선산先山의 앞자락 소반小盤처럼 놓인 문전門前. 뿔그린 돼밭머리 탱자나무 울 두른 텃밭머리 사격장射擊場 비무장지대 그 어데든 분홍다홍

아롱진, 살구 복사꽃 냉이 달래 도라지

변산반도

—동학사설 · 18

파도야 자꾸만 품에 감는 흰 비단 폭으로
쓰다듬는 깊은 꽃 물무늬의
불볕, 단발머리 소녀가 비구름을 접고 있던
채석강採石江 여름이 가고 나면 저 파도야
자꾸만 품에 감는 흰 비단 폭으로
변산의 품 고즈넉이 읊조리는 파도야

두견새

—동학사설 · 19

돌담 뒷숲 쪽머리 쑥국이 돌아앉아
목이 쉰 피울음이 툇마루의 견칫돌 모를 돌고
백산白山의 흰 도포자락 잡아끌어 내리듯
태笞 맞은 듯 몸져 눈 꽃잔등 청솔밭의
황토길로 보리밭 어깻줄이 남실남실 휘어 가면
황토재 쑥! 쑥! 쑥머리! 울음 핏빛 진달래

시누대
—동학사설 · 20

북망北邙 울울이 서 있는 시누대 밀려 갔다 밀려 온다.

뛰고 닫는 박수무당 북새바람 타는지 신굿바람 타는지 밀려 갔다 밀려 온다.

동학인 호산선생* 묘 시누대가 흔든다.

* 호산선생 : 일제시대 부안을 중심으로 활동한 동학인 吳文述.

복소伏訴*

—동학사설 · 21

겨울 밤 삼경인데 한 백년 서까래 끝
삭풍에 시侍 시이 주문 소리 이끼 낀 기와의 담 끼고 돌다, 우리 터줏 대한문 광화문 까만 문루 깔고 업뎌 우— 우— 궁상맞게 자지런 천天의 소리
경복궁 근정전 웅— 웅— 울기 마련 아닌가.

* 복소 : 교조 최수운의 신원운동. 광화문 앞에서 동학인이 엎드려 사흘 밤낮을 울어댔음.

시누댓닢이 칼 가는 소리

—동학사설 · 22

갑오년 정월 초아흐레 달빛 밤에
장 맞은* 봉준아비 끄—응 끙 가래 끓듯
유난스레 북풍에 시누댓닢이 칼가는 소리 내어
밤 부엉이랑 소리 맞대고 슬겨였을 것이다.
그 슬겨인 소리가 사발통문 도는데
에잇 시侍 시이 하고 분 못 삭여
불끈불끈 주먹 쥐고 그런 저런
소리소리 민중의 큰울음 내는 것을
나랏님, 귀도 컸을 것인데 왜 못 알아들었나.

* 장 : 곤장의 약어

부안 기생의 이쁜 눈썹

—동학사설 · 23

댓닢소리 소리 소리
못 알아들었을 뿐 아니라 가날피
초아흐레 그 날 밤의 비수같이 빛나는 달
수운 제자 수만 사발 맑은 물 받들어 올려서
그 수만 사발에 담긴 달빛 한데 모아
근정전 추녀 끝에 기울여 놓았는데
아뿔사, 그걸 눈치없이 부안 기생
이쁜 눈썹으로만 보았나 보다.

풍문, 너른 들 바람 가듯
—동학사설 · 24

느닷없이 삼삼오오 고부 동헌 들이닥쳐
봉준이와 떠꺼머리들 이골난 도리깨질
철썩철썩 내리치는 북새통에
혼비백산 탐관오리 조병갑이 줄행랑 안쳤는가
그런 풍문이야 밑도 끝도 없는 것이
김제 맹경 너른 들 바람 가듯
차별 없이 잘 사는 개벽 세상 온다더라
떠도는 말만으로 그게 신명난 일 아닌가.

3

닭장

—5.18 삽화 · 1

오월에 닭은 밤잠 자지 않고
열량 많은 무정란을 낳는다.
관冠 높이 쓴 붉은 볏 까맣게 태워
울지 않고 조금씩 죽어가며
한 자 몇 치쯤 문명상자文明箱子 속
습성의 까만 부리 밤낮없이 쫀다.
때로 한낮 길게 허공을 우는
먼 종란장의 홰치는 소리도 듣지
새벽녘 귀신 쫓는 소리도 듣지
그래, 열량 높은 알을 낳고
백열등 아래 흰 알꿈 꾸고
오월에 생산해내는 무정란
비명, 자유, 조금씩 빛나 있다.

음성 황새

—5.18 삽화 · 2

음성 황새 한 쌍
서로 바라보던 달덩어리 두 얼굴
미친 물목 머리 떠는 사시나무 위의
한 마리 달 수컷 쏘아 버린 뒤
한 마리 달 암컷이 끄륵 끄륵
한 마리 달 무정란 놓고
아침부터 운다, 끄륵 끄륵

해바라기 토끼

—5.18 삽화 · 3

먼동 바라보는 해바라기
어둠 속 내 목을 놓고
바위에 내 얼굴 비쳐 놓고
꽃이 피어날 때
앞의 절벽 저 떨어지는
물 울음을 놓아 버렸다
새 울음을 놓아 버렸다
두 다리 환히 산 너머 가서
중턱엔 내 몸뚱이뿐
해 타는 심장, 구슬 샘물

딸의 그림
—5.18 삽화·4

큰딸아이가 나비와 새 그림 그려 놓습니다.

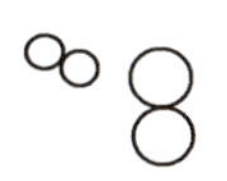

자유
나비
새들

철문 아득아득 톱니 물고 닫히자
큰딸아이 조롱 그려 놓습니다.

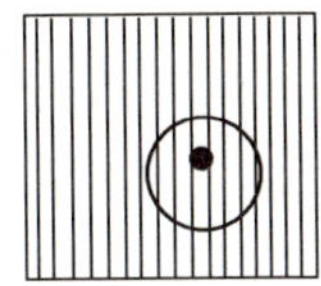

어둠
별
눈빛 하나

갇혀 있음 새 아닙니다
내가 창 열자

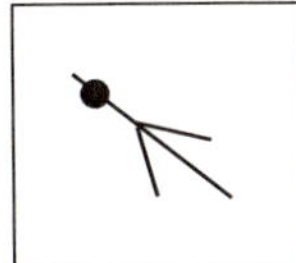

큰딸아이 아침 새 그려 놓습니다.
힘찬
새

13월의 첫눈
—5.18 삽화 · 5

13월의 첫눈이 내리고
하얀 지구는 무정란이다

해가
무의미 하얀 눈 위로 굴러간다
눈의 촉감은 애완 동물의 털

빛과 어둠의 털이 자란다
털이 동쪽에서 꽃을 피우고
꽃 속에서 서쪽 털이 자란다

달이
다시 하얀 눈 위로 굴러간다
아슬하다, 렌즈 속의 꽃

다이아몬드

—5.18 삽화 · 6

다이아몬드 별이 빛나는 밤
빼글빼글 뻘들 소리
꽃발게가 회색 개펄을 씹고
빛나는 다이아몬드를 씹는다
날카로운 닻을 내리는 초승달
뒷모습의 콘트라포스트
화냥끼가 부들부들 섰다
동그란 바람 분다, 바다
동쪽 한 캐럿(carat) 원광이 날고
언덕의 포도가 반짝반짝
포도당의 별, 못을 박는다

렌즈

—5.18 삽화 · 7

새초롬 눈 뜬 렌즈의 새벽
달리는 바람 가로수를 흔든다
엎딘 등선 공제선 위의 해가
가로수에 빛알갱이를 난사한다
잎새를 휘어잡고 있는 어둠
원심력이 빛 알갱이를 빨아들인다
반사하여 폭발하는 녹음이
피스톤의 탄력으로 해를 민다
다시 가로수에 빛 알갱이를 난사하고
엎딘 등선 위로 초침이 뛴다

무지랭이*

—5.18 삽화 · 8

칼바람에 산발한 흰 눈이
유리창에 선뜻 비치고
짐 속에 누운 날 끌고 간다
딸들이랑 질그릇 난잎
떠도는 나 표정이 춥다
봉두난발로 첫닭이 울고
괘종시계 뎅 뎅 울고
백열등 아래 붉은 눈 뜬다
짐 속에 또 하나 얼굴
칼바람이 끌고 간 황토밭
떠도는 나 무지랭이
몇 바퀴 돌다 짐승 된다

* 무지랭이 : 한때 어찌 귀향한 적 있음. 밭둑에 버린 무.

신명 지핀 넋두리
—오진현 사설의 접신술接神述

장 순 하張諄河

Ⅰ.

신명 지핀 노숙한 무당이 야심경 촛불 둘레를 훨훨 돌아가면서 거침없이 내뱉는 노래— 어찌 들으면 이승의 소리 같기도 하고 또 어찌 들으면 저승의 소리 같기도 한 귀기鬼氣 서린 무당 노래를 들어본 적이 있는가. 그런 체험을 가진 사람이면 오진현의 시에서 노숙한 무당의 입을 통해 거침없이 흘러나오는 무당 노래 같은 어떤 혼기를 느낄 것이다.

어찌 들으면 아무 소리 아닌 것 같기도 하고 어찌 들으면 엄청난 소리 같기도 한 노래— 등골이 오싹, 머리끝이 쭈삣해지면서 자리를 뜨지 못해 귀 기울여 듣노라면 덩달아 신명이 지피다가 제 정신이 들다가 하는 무당 노래를 들어본 적이 있는가. 그런 체험을 가진 사람이면 오진현의 접신接神한 넋두리를 읽으면서 따라 신명이 지피다가 제 정신이 들다가 하는 무당 노래 같은 마술魔術에 걸려들고 말 것이다.

오진현의 시에서 느껴지는 귀기鬼氣는 심령心靈의 깊은 곳에서 샘솟듯 흘러나오는 어떤 하소연 같은 것에서 나온다. 그 신비의 늪, 그 잔물결에 부서진 달 조각 같은 섬광閃光이 (많이는 전녹두全綠豆의 혼령의 한 맺힌 넋두리가) 오진현의 팔을 통해서 무의식 중에 자동기술自動記述된 것이다.

산지촌 시누대숲 뒤흔드는 밤 정이월
눈치코치 없이 산 말목장터 슬픈 셋째 소실댁
신바람에 고뿔하고 고뿔하고
액막이 대보름 댓불 타닥, 탁, 탁 터진다.

—「댓불」

모든 천재적 소산所産은 노작勞作이 아니라 영성靈性의 표출이다. 그러기에 그 생산자는 실은 하나의 전달자에 불과한 것이다. 깊은 영혼의 하소연이 노숙한 무당을 만나서 전율적 감동을 준 것이다. 물론 오진현은 세속된 무당과는 또 그 예가 다르고 고부현(전북)에서 대대로 산 동학교도로서 첫새벽 청수淸水를 앞에 놓고 선명한 영상靈像을 즉 TV보듯 접신接神(시천侍天)하는 것이다.

Ⅱ.

오진현의 마술魔術은 크게 두 가지의 구조로 이루어진다.

첫째는 한국적 습속習俗의 뿌리에의 접맥이다. 이제는 많이 잊혀지고 많이 변질되어 서구화해 버린 우리의 전통적 생활습속을,

밝히시고 밝히시고 다—아 액을 태우시고

삼남에 싸락눈이 올 양이면 붓! 붓!
밤부엉이 울어 놓고 여나믄 살의
입술이 노오란 신랑을 들인 날 밤,
훗날 훗날 동진강 물 풀리고 우르르 우르르
강물이 다 된 눈물의, 달아, 달아 백산白山 죽산竹山
초승달 띄워 놓고 나흘나흘 띄워 놓고
열나흘 달을 다 띄워 놓고 섣달 그믐
팔구 남매 오는 밤,
콩땡 장땡* 히번이 날 밝는
새벽녘 추녀 밑 달이 장등 걸어 놓는다.

—「歲守風俗圖」

그는 시계 바늘을 되돌려서 한 세기 쯤 전의 백산白山 땅에 들어 앉아 그 생생한 채로의 모습을 충실히 보고해주었다. 그러면서 서서 백산白山 앉아 죽산竹山하는 시인의 뭉클한 체온을 전해주었다. 그것은 언어로만이 아니라 이미지의 상형화象形化에 있어서도 서양에서 수입한 거울을 쓰지 않고 옛날 우리 동경銅鏡을 잘 닦아서 사용했다. 그가 사설시조辭說時調에 새로운 도전을 감행한 것도 따지고 보면 이런 전통접맥傳統接脈의 일환일 것이다.

둘째는 지극히 예민한 감각적 기능이다.

산성山城의 사슴 농장 사슴 떼 저문 달아
황토 눈물나는 붉은 네 뙈밭머리 가마 타 능금알 붉게 여문 열여섯 살 먹은 달아
상수리나무의 잎 개승냥이 울부짖는 잔바람에

무시밭 무성히 자라 산성山城 앉은 새 달아

―「내 辭說時調는」

그는 실속없이 요설饒舌을 극도로 배제하는 대신 정선된 언어로써 이른바 촌철살인寸鐵殺人하는 방법을 취한다. 한편으로는 감홍의 고저高低 완급緩急을 정밀하게 계산된 율조律調로써 상념想念의 호흡과 일치시켜서 한 편 한 편을 마치 완성된 한 편의 음악처럼 구성한다. 그런데 그 음악은 서양식의 오케스트라가 아니라 우리 나라의 판소리 가락이라는 데 특징이 있다.

오진현의 시는 동양화가 그렇듯 꾸무럭한 공간 속에서 읽을수록 그 맛과 영靈을 만나게 된다.

제1시집

동진강월령

(1975. 12. 금강출판사)

시집 <東津江月令> 차례

서문 – 서정주

1 / 雪夜 / 산바람 / 푸른 북소리 / 낮달 Ⅰ / 落葉 / 코스모스 필 때 / 꽃 여울 / 飛翔 / 낮달 Ⅱ / 某日 / 입술 푸른 뻐꾸기 / 울안에서 / 秋日旅程 Ⅰ / 秋日旅程 Ⅱ / 道峯

2 / 거울 Ⅰ / 거울 Ⅱ / 거울 Ⅲ / 波濤 Ⅰ / 波濤 Ⅱ / 波濤 Ⅲ / 날개 Ⅰ / 날개 Ⅱ / 날개 Ⅲ / 날개 Ⅳ / 날개 Ⅴ / 날개 Ⅵ / 날개 Ⅶ

3 / 正月 / 二月 / 三月 / 五月 / 四月

연보

* 원본에 수록된 시들은 일부 폐기, 수정하여 전집에 수록하였음.

■ 서

오진현군의 시에는 그 아닌 아무도 해 보인 일 없는 이미지 구성의 한 독특한 미가 있다.

보릿고개에
고부古阜 뒷못 살아 온
입술 푸른 빼꾸기

긴긴 해
못줄 띄우는 소리

저것들,
솔잎 먹고
영산靈山에서
싯푸른 울음을 쏟아

큰 손만큼이나
꺼칠한 소리로 운다.

이것은 그의 「입술 푸른 빼꾸기」라는 시이고,

은행銀杏 나무 단발머리
낯선 계집아이가 혼자

종일 비구름을 접고 있었다
일몰日沒,
꽃이 캄캄하게 떨어졌다.

이것은 그의 「날개 VI」이라는 제목의 그의 시 이미지의 구성이고,

복날 무서운, 무서운 쇠줄이
목을 죄고 있었다
벌목伐木군들의 흰 톱날에
하루가 어지럽게 잘려 나가고
질식窒息한 저녁이 활활 타고 있었다
뒷숲이 슬며시 뱀을 품었다

이것은 또 「날개 V」라는 題로 된 그의 시의 조직組織이다.

동動과 정靜, 명明과 암暗, 소리와 침묵 사이의 조화를 엮어 시의 효과를 빚는 일은 상징주의 이래의 많은 시인들이 많이 시험해 오긴 한 일이지만, 우리 吳君의 구성과 같은 모습의 구성은 내게는 기억되지 않는다. 일테면, 동양화의 꾸무럭한 수묵화의 어떤 암시暗示 같은 것들을 그는 그의 시의 이미지 구성의 기본입장基本立場으로 하고 있는 듯 하다고나 할까? 묘한 맛을 빚고 있다. 부조화不調和가 되기 쉬운 이미지들 사이에 희유稀有한 연관聯關의 가교架橋를 놓아 이슬이슬하게 그것들을 조화시키고 있는 것도 일미一味이다.

재조才操는 소가 먹어 반추反芻하는 꼴만큼 늘 여기고, 계속 정진하여 대성하기만을 바랄 따름이다.

1975. 서정주

푸른 밀밭

부신 대낮
활활 옷을 벗고 뛴다

키 큰 내가 뛴다
키 작은 내가 뛴다
적당한 내가 뛴다

어우러졌다가, 어우러졌다가
일렬로 서서 뛴다

푸른 밀밭.

· 1975년 4월 시문학 천료작

낙엽落葉

이른 아침
산새 위험危險한 깃을 치면
별들이 머물고 간 이슬 자리
자줏빛 쪽빛 아른히
내 중심을 흔드네.

입술 푸른 뻐꾸기

보릿고개에
고부高阜 뒷못 살아온
입술 푸른 뻐꾸기

긴긴 해
못줄 띄우는 소리

저것들,
솔잎 먹고
영산靈山에서
싯푸른 울음을 쏟아

큰 손만큼이나
꺼칠한 소리로 운다.

· 1975년 4월 『시문학』 천료작

울안에서

간밤의 하얀 얼굴은 비껴 걸리고
어둠이 안개처럼 거미 같은 발로
슬금슬금 기어간다.

층층이 굴러 햇빛이
번쩍번쩍 웃고
산소酸素가 타는 힘이 핏속으로 흘러서

먹먹한 소음 사이 숨어드는
새벽 종 소리

참을성 있게 기다리면서
화분 속에서 하얗게 여윈 장미의
웃음이 구르는
울안에
한 평 하늘만을 소유한다.

그러나 가끔은 구름장도 날리고
끼륵 끼륵

기러기 날아간다.

· 1973년 12월 추천작

산바람

여인이 가슴을 여밀 때
잎새 불안스레 떨고
산바람 귀 밑을 슬리고
살며시 여름이 가는 그림자
황혼이 젖는 멀리
초조하여 능금이 익고
머언 여정에서 오는 나의 여인은
서글한 눈동자
조용한 모습을 빚는다.

· 1973년 12월 추천작

낮달 · 1

재 너머 어둠이 몰리고 있는데요
개승냥이 쪼그리고 있는데요

내 눈빛 환히 비치고 옵니다
휘파람을 불며 옵니다

재를 내리는 계곡 석간수石澗水
얼굴을 씻으면 이마에 닿는
낮달 너의 입술

재 너머 어둠이 몰리고 있는데요
실비 오락가락하는데요

개화開花

나는 발을 멈추고
까치고개, 코스모스가 피어 있다.
바람이 종일 떨리는 것은
한숨인가, 두려움인가, 놀라운 눈빛의
무수한 별들을 뿌려 놓았다.
어쩔 수 없는 실솔*의 울음에
조용한 모습들 슬리고
구름이 필까, 구름이 필까.

* 실솔 : 귀뚜라미.

낮달 · 2

잔잔히 눈을 들면
눈雪이 되어
내 눈 속으로 뛰어든다.

마주 웃으면
꽃이 되어
꽃가루를 날린다.

황혼에
손수건을 들고
숲에 올라앉아

바람이 불면
네 손끝 피리 소리
언덕에 눕는다.

미로迷路

검은벽壁이내렸다.또벽壁이내린다.내가갇혀갑갑하고열熱이나고몸에서빛이나기시작하여한없이흘러갔다.미로迷路를가는모든내가눈이부시고이마를들이받히고쓰러지고온통기어다닌다.

· 1975년 4월 『시문학』 천료작

거울 · 1

내얼굴거울속에잠긴다. 얼굴접어어머니가나온다. 얼굴접어아버지가 나온다. 얼굴거울속에죽는다. 얼굴거울속에계속죽는다. 무한빛속고아가 된다.

거울 · 2

아무도없다막달렸다막달리다가앞이아슬하다또막달리다가서고그런일을계속하다가눈감고막달려버렸다이상하다점점무서워져서더갈수가없다뒤로도갈수가없다

일출日出

흰 人魚가
붉은 人魚가
흰 人魚가
붉은 人魚가
엎치고
엎치고
뒤치고
멀미를 하여
멀미를 하여
스멀
스멀
바다를 토吐한다.

북

둥
북을 치는 하늘

얼굴을 들고
거울 앞에 선다.

햇살이 뛰는
피아노 소리

사뿐
신부가 온다.

꽃 여울

구름
씻긴 얼굴

해말간 미소
꽃술에 어려

살여울
동 동
진달래꽃

구름 씻긴
얼굴

푸른 북 소리

바람은 종일 집을 비우고
골목에서 목마木馬의
푸른 북 소리 찾아든다.
그을린 집들은 벽 속으로
바쁘게 그림자를 끌고 간다.
술이 익는 하늘, 눈부신
죽음은 흰 손끝으로
금빛 깃의 새들을 날리고
큰 키의 어둠이 일어나 부드럽게
굽혀 마을을 품에 안는다.
마을을 잃은 바람은 홀로
가만히 옷깃을 펄럭이고
노란 층계를 내려간다.
어딜까, 어딜까, 푸른 북 소리
겁먹은 별들이 눈을 뜬다.

설야雪夜

백악白岳은 가만히 걸어오고
스르르 성좌星座가 쏟아 내린다.

하얀 꿈은 무섭고
소스라치며
눈을 뜨는 사물이 서서히
어둠을 젖히고 두려움을 열고

마을은 조용히 일어나
아주 젊고 튼튼한 어깨에
유리琉璃 하늘이 안전하고

하얗게 누운 죽음 위로
순금의 깃을 치는 아침 새들이
번쩍번쩍 날아간다.

백악白岳은 가만히 걸어오고
스르르 성좌星座가 쏟아 내린다.

날개 · 1

장마가 개인 하늘의
꽃밭을 날아가는 빛무지개
언덕을 넘어 아이들이
꽃처럼 걸어갔다.

날개 · 2

산 밑을 살며시
사냥꾼이 가는 동공瞳孔
오르르 시간이 떨고 있다가
노랗게 깃을 치고
살[矢]에 맞은 순수의 바다
은빛 건강한 허리에서
싱싱한 피를 흘린다.

날개 · 3

스스로 바람을 가르고 있었다.
저런, 저런, 하늘도 삼켜 버리는
입
새알 먹었다…
돌팔매를 쏘며 뒤쫓고 있었다.
쓰러질 듯 하늘이 숨이 찼다.

날개 · 4

교회당 철책을 나온 아이들
자유로이 햇빛을 퍼올린다.
매일 눈 부릅뜬 신을 죽이고
모래무덤을 쌓고 있다.
부지런히 한 나라를 세우고
가장 순수한 동상을 세운다.
또, 종소리가 피를 흘리고
비겁한 신이 웃고 있다.

날개 · 5

복날 무서운, 무서운 쇠줄이
목을 죄고 있었다.
벌목伐木꾼들의 흰 톱날에
하루가 어지럽게 잘려 나가고
질식한 저녁이 활활 타고 있었다.
뒷숲이 슬며시 뱀을 품었다.

날개 · 6

은행銀杏나무 단발머리
낯선 계집아이가 혼자
종일 비구름을 접고 있었다.
일몰日沒,
꽃이 캄캄하게 떨어졌다.

날개 · 7

낮에 쏘아 올린 화살이
끝없이 새를 따라가고 있었다.
잠자리의 부스러진 날개가
날아와 붉은 눈을 뜨고
덜미잡혀 외밭에서 떨고 있었다.
이슬이 곤한 밤길을 가면
부드럽게 바람이 잠들었다.

모일某日

어느 해 아람 붉던 가을
작심 입산作心入山하여
색色 빛는 소리 기울이다가
푸른 한낮에 얼굴을 들고
햇빛이 너무 부시어
한길로 뛰어 나와서
한 십 년이 지난 오늘
살 속에 내리는 햇빛이
몇 곱절을 더 부시어
기침 소리 돌아가는
환한 계곡을 돌고
산울림의 산울림을 만난다.

7동진강
—5월

추운 봄날 나고 늦봄
까만 깻묵을 먹고 있었다.
어둠을 도둑처럼 아들이 와서
3대가 한 방에 누워 있었다.
주재소에 잡힌 이른 아침
매일 관동으로 끌려나가면
쪽빛 하늘이 소리 없이 타고
망국의 고혼들만 돌아왔다.
동진강 구백 리 맑은 산야
입술 푸른 뻐꾸기가 울면
누이*는 먼 남양군도南洋群島에서
일 년에 한 번 눈물 접어 오고,
모르게 모르게 장강長江을 건너
쓸쓸히 황량한 바람이 불면
풋보리가, 이른 풋보리가 모조리
관동으로 걸어가고 있었다.

* 누이 : 여자 정신대挺身隊.

오남구 시전집

노자의 벌레

2010년 3월 25일 초판 인쇄
2010년 3월 25일 초판 발행

펴낸이 오남구
펴낸곳 도서출판 글나무

등　록 1988년 9월 9일 제2-672호
서울 중구 저동2가 78번지 비즈센터 905호
대표전화 02) 2272-6006 팩스 02) 2277-6685
E-mail wordtree@hanmail.net

정가 30,000원
ISBN 978-89-91356-43-6 03810